セレスタン・フレネ　訳◆里見実
Célestin Freinet

言語の自然な学び方

Méthode
naturelle
de
lecture
学校教育の轍の外で

太郎次郎社エディタス

Méthode naturelle de lecture
Extrait de : Œuvres pédagogiques Tome 2
by Célestin FREINET

© Éditions du Seuil, 1994
Japanese translation rights arranged with Les Éditions du Seuil, Paris
through Tuttle-Mori Agency, Inc., Tokyo

編者まえがき

　フレネ教育学の礎石のひとつは、いわゆる「学校」知のかなりの部分は「自然な」道筋をふまえていれば習得可能なものであること、そのプロセスは生命のはたらきと別なものではないという洞察である。言いかえれば、人間は立つこと、歩くこと、走ること、しゃべることを身につけていくのと同じ道筋をたどって、読むこと、書くこと、数えることを学ぶことができる、と考えるわけだ。その過程を、フレネは「手探り実験」と呼び、それについての長大な論を書いた。著書『可感的心理学の試み』がそれである。今回の彼はこの議論を再度取りあげ、それを読み書き算の学習に適用している。

　フレネは娘バルの5年間（1歳8か月〜6歳6か月）の「手探り実験」の痕跡をことごとく収集・保存し、彼女が自然なやり方で書くことをマスターしてしまうまでを跡づけている——読むこと（レクチュール）をマスターするときでもそれは同じで、生命の弾みに乗って、まずはやってのけてしまうのだ（実際のところ、フレネがくり返し記しているように、「彼女は、読むつもりで読んでいるのではない」のである）。このようにして貯めこんだ記録の山に依拠して、フレネは「言語学習における自然方式」を書いた。

　本書は、Éditions Delachaux et Niestléから1968年、1970年、1973年と、追補を重ねつつ刊行された。今回は、フレネの原テクストにもとづいて、それらの諸版を集成したものである。

　　　Madeleine Freinet 1994

言語の自然な学び方
学校教育の轍の外で
目次

編者まえがき *3

序論 *9
話し、書くまえに、人は言語の法則を知らねばならぬのか? *10
知能も技能も、手探りのプロセスによってのみ習得される *14
科学史家が言う科学の発展は、手探り実験そのもの *18
教育を、子どもの感性全体に働きかけるものに *25
褒美や罰で刺激するのでなく、
子どもの生活にエネルギーが潜在する *30

第1部 言語学習における自然方式 *37

1. 自然方式と伝統的な方式 *39
2. 深く痕跡をとどめる文化 *64
3. バルの場合 *71
4. 子どもは自然方式で書くことと読むことを始める
   ある観察ノートから *73
5. デッサンから書くことへ *91
6. デッサンから独立したエクリチュール *99
7. 単語の意味 *107
8. 読むことより以前に自己表現があるのだ *112
9. 書くことの仕上げのプロセス *117
10. 活版印刷と、文章の手紙からの独立 *128
11. レクチュール[読むこと]へ *133
12. 読み書きの技法の決定的な習得にむかって *139
13. この方法によってもたらされた到達点 *157

| 14 | 教育学的結論 *160
| 15 | 自然な、新しい方式 *165

第2部　包括読みの理想のあり方 *181

| 1 | 古い規律訓練型教育と自由新教育との相克 *183
| 2 | ドクロリイ博士による包括的読みの評価 *188
| 3 | 学校化された「包括的な学習」への6つの批判とその反論 *193
| 4 | 学校印刷機を介した自然方式による包括読み　わが思考の再録 *209

第3部　文法の自然方式 *221

| 1 | もしも文法が無用のものであったとしたら? *223
| 2 | 綴字法［正書法］の学習にあたって、文法は役立つであろうか? *228
| 3 | フランス語を学ぶうえで、文法ははたして必要なのか *233
| 4 | 文法が無用だとするならば、恣意的なその教えこみは無用であるどころか有害である *237
| 5 | 文法の練習 *240
| 6 | 言語は手探り実験をとおして習得される *245
| 7 | 学校病の症候群 *251
| 8 | もっと授業を *257
| 9 | 幼稚園から始まって *263

訳者あとがき *280
セレスタン・フレネについて［略歴］*283

Introduction
序論

話し、書くまえに、人は言語の法則を知らねばならぬのか？

　私たちの教育実践の土台になっているのは実験的模索（手探り実験）という心理学的理論で、私たちは日ごろからこれを主張しつづけています。私たちの自然方式を実践した者ならば、だれもがその正しさを直観的に認め、それを理解します。しかし、科学の本当の基礎を知ることなしに今日の科学の達成を我田引水的に礼賛し、私たちの方法を反科学的であると言って、批判と拒絶を浴びせかけている人たちもいます。

　そんな誤解は早く払拭してもらいたいと、私たちは願っています。科学の方法と手探り実験とのあいだになんの対立もありはしません。科学の進歩は、まさにこの手探り実験をとおして達成されたものなのです。

　科学の発展のプロセス、それは一般的で普遍的なものではないでしょうか？　それは生きるという営みの、ごく自然で避けることのできない論理に領導されて進展するものではないでしょうか、いやそれとも、新しい技術の成果を累加しながらもっぱらメカニカルに構成されていくものなのでしょうか？　私たちは勝手に未知の領域に踏みこんではならず、確かで可測的な要素に依拠して、方法的にそれに迫るべきなのでしょうか？　確かで寸法どおりの要素と要素を結びつけ、そこからまえもって予見された答えを引きだせばそれでよい、ということなのでしょうか？　そうなると――学校は文句なしにこの種の科学主義を採用しているのですが――疑似科学が絶対的なもの、決定的なものとして押し立てるこの前提がそのまま人格形成に横滑りすることになります。話そうとするまえに、書こうとするまえに、人はまず言語とその書き方の法則を知らねばならぬ。学校教条主義者の主張によれば、それは目覚まし時計の部品のメカニズムのように組み立てられているらしいのです。ちゃんと決まったとおりにネジを巻き

ておけば、決まった時間に忠実に音を出してくれる、結果は100パーセント間違いなし、なのだそうです。

　さらに言い募ると、こんなことまで口走るようになります。絵筆の科学的な使い方を知るまでは絵筆を握らせてはいけない、デッサンと絵画を支配する法則性を知るまでは、絵の具を混ぜさせてはいけない、と。優れた芸術作品は流産に終わった試行とも手探りの模索とも無縁に、ちょうど流れ作業のベルトから完成車が生まれるような具合に出てくるものらしい。設計どおり、法則どおりに製品が大量生産されるわけで、この方式の効率性は絶大なものであるといわれています。

　このような勘違いが今日の教育方法論議をすっかり支配してしまっているのです。鉛筆が握れるまでは、子どもに鉛筆を渡してはいけない、というのでしょうか？　子どもはあれやこれやとやってみて、だんだんに鉛筆の握り方、使い方を学んでいくのではないでしょうか？　子どもがまだぜんぜん正しい発音を身につけていない段階でも、やはり子どもをしゃべらせておくべきなのではないでしょうか？　さもなければ、言葉の意味と用法を正確に知り、危うげなく使いこなせるようになるまで、子どもを黙らせておけ、というのでしょうか？　子どもがまだ秘訣を知らないままにカンに頼って行なっている手探りの計算を、つぎには子どもが算数を学んでいく予兆として暖かく見守るのが正しいのか、そんなことはやめさせて、まずは数と数字とその結合法を教えこんで、自動的に演算操作ができるようにする学校的なやり方が正しいのか？

　心理学は、そして生身の生活者たちは、なんと言っているでしょうか？　もっとも確かで、もっとも普遍的で、もっとも効果的な方法は、どちらなのでしょうか？　さぁ、これが問題です。私たちが誠実に向きあわなければならない大問題なのです。

　私たちはまずはごくあたりまえな生活感覚(ボンサンス)に即して議論を

進めていくことにします。

　私たちが生きていくうえでどうしても経なければならない重大な学習のなかで、はっきりと科学の手続きを踏んで行なわれるものなど、ひとつとして、どこを探してもひとつとしてありはしないのです。子どもが歩くことを覚えるのは、歩きながらです。しゃべるのも、しゃべりながらですし、絵を描くのも、実際に絵を描くことをとおしてです。これは学校教育を含むすべての教育に妥当するきわめて一般的・普遍的なあり方であると言って言い過ぎではないでしょう。私たちはこの確かさを拠りどころにして、自然方式を築き、実践してきたのです。科学主義者たちはこの実践の価値を貶めようと躍起になっているわけですが。

　子どもだけではありません。大人にしても、いえ、大小さまざまな動物にしても、すべてこのような仕方で進歩をとげているのであって、そこには実験的模索(tâtonnement expérimental)という普遍的な学習原理がはたらいています。

　私たちを向こう見ずと批判するまえに、そもそもこの種の手探り実験がどういうものであるかをしっかりと理解する必要があるのではないでしょうか。もしかすると「手探り実験」を「試行錯誤」と混同しているのかもしれません。そこで言う試行錯誤とは、もっぱら偶然に依拠した行動、うまくいった経験を固定化する心理機制であると考えられています。

　私たちはこの試行錯誤に、もうひとつの新しい要素を持ちこんでいます。それは経験の透過可能性(perméabilité à l'expérience)です。水滴が処女地を流れるとします。たまたまそこにあった溝や傾斜に沿って水は流れていきます。しかし、何度も同じ地点に水が落下して同じ方向に流れていけば、くぼ地と溝が穿たれて空から降り落ちる水はそこに引きこまれていくことになります。当然のことながら、以前にたどった途に沿って流れようとするわけです。もしも岩がびくともせずに通せん坊をしているとすれば、溝や流路が穿たれることはなく、水は蛇行をつづけるか、繁茂する草や堆積

する土砂に行方を阻まれて一時的に淀みをつくることになります。透過・侵食がまったく不可能な場合、水は何百年にわたって流路を変えることなく、同じところを流れつづけることになるでしょう。しかし、逆に多少なりとも透過・侵食の可能性が残されていれば、水滴は流路を穿つことになり、それが地形変化の発端となって地表の景観そのものが大きく変わることだってあるのです。

　人間もまた同じです。人間の行動は最初は出たとこ勝負です。しかし、早くから流路を穿って、くり返しそこを流れるようになります。とるべき方向とか、たどるべき道筋だとか、そんな絶対的な条件があらかじめ設定されているわけではありません。こんな方向に流れなさいと、だれかが指令するわけでもありません。ただ数かずの障害だけが行く手をさえぎり、その難関をうまく乗り越える行動に向けて生命を導き、鍛えあげるのです。

　成功した行動は流路を広げ、生命は渦を巻いてそこを突進します。障害と失敗は流れを巻き返し、別な道を求める経験的模索のなかにそれを押し戻します。子どもが基本的なからだの所作を身につけていくとき、たとえば、歩き始めるときの様子を見ていると、われわれはいつもそのことを思い知らされるのです。

　このプロセスを理解するさいにふたつのことを念頭に置く必要があるでしょう。

　「経験の透過可能性」とか「行動に穿たれた軌跡」という表現を使うときに、子どもが成功した行動をかならずしも長期にわたってくり返すとはかぎらないことを、しっかりと弁えておく必要があるのです。その点では個人差があるのです。

　子どもによっては——程度は異なるが遅れを抱えた子どもたちは——同じ動作を100回くらいくり返さないと成功の確信がもてないようなのです。かれらのからだは経験にたいする感応性が弱いのです。ぼやけた映像しか残してくれないカメラの乾板に似ています。しかしながら人間のからだが

もつ可能性は、なおかつ疑うべくもないものです。子どものなかには経験にたいする感受性(透過可能性)が極度に鋭敏で、反復などしなくても経験の痕跡が消えることなく存続していく者もいます。動作のイメージ、動作を促す誘因、ほんのちょっとしたその片鱗に触れるだけで、その痕がはっきりと刻まれていくのです。遅進児の場合は、もしかすると100回のくり返しが必要になるかもしれませんし、反面、あなたが教える必要がないくらいに頭のよい子どももいます。ちょっとした隙間を見つけて、思いがけない抜け道を探りだしてしまうのです。ごらんなさい、彼はあれよという間に、あなたのまえを駆け抜けていきます。しかし、にもかかわらず、どちらもプロセスは同じなのです。

　いまやっていることがしっかりと定着するまでは、人は新しい学習に歩みを進めることはしません。その間、行動は機械的なものになります。しかし、それは生活のテクニックとなり、つぎなる学習に挑戦する堅固な足場を提供するのです。

知能も技能も、手探りのプロセスによってのみ習得される

　手探り実験のプロセスは図1のようにシェーマ化できるでしょう(図1は、発達がゆっくり気味の子どもを想定しています)。
　知能の高い子どもの場合は図2のようになります。反復と自動化に要する時間は極度に圧縮されて、成果あたりの所要時間はずっと少なくなっています。時間の横軸は縮められ、その間、習得度の高さを示す縦線は長く上のほうに伸びています。
　手探り実験による進歩の過程を、私たちはしばしば建築工事の足場組みにたとえてきました。最初の柱を立てるのですが、これは手早く大胆に行なわれることも、やや慎重に行なわれることもあります。さて、柱が立っ

実験的模索によってある行動(A)が成功を収めると、
行為者は、それが習慣として定着し生活のテクニックとなるまで、同じことをくり返す。
この練習期間の長短は、「経験の透過可能性」の如何によって、
すなわち知能によって、個人ごとに異なる。
最初の行動がメカニカルな行動として定着すると、
つぎの段階での成功(B)を目指して新しい実験が行なわれ、
これも反復され、自動化すると、つぎにはさらに
他の模索に(C、D……というように)とって代わられる。

図1　　　　　　　　　　　　　　　　図2

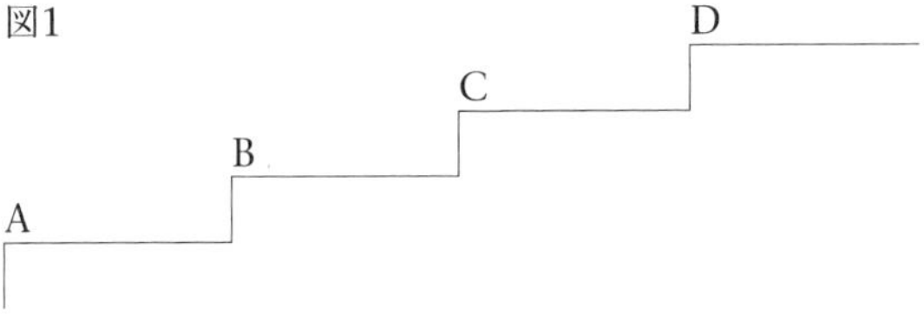

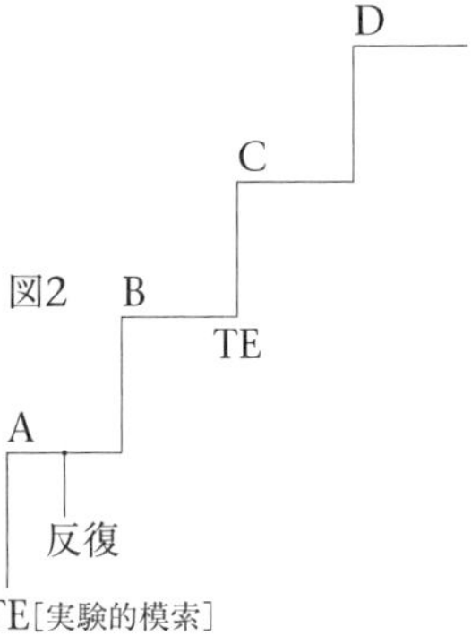

　　　　　　　　　　　　　　D
　　　　　　　　　　C
　　　　　B
A

　　　　　　　　　　　　　　　　　　　　　　　　　D
　　　　　　　　　　　　　　　　　　　　　C
　　　　　　　　　　　　　　　　　B
　　　　　　　　　　　　　　　　　TE
　　　　　　　　　　　　　　A
　　　　　　　　　　　　　　反復

TE[実験的模索]

　たら最初の段の足場を組むことになります。1段目の足場がしっかりと固まったら、ようやくつぎの段を架けるための新しい柱を立てることになります。しかし、さらに高くするのは剣呑と思える瞬間があり、そんなときはそれ以上の架設をさし控えることになるでしょう。知識であれ技能であれ、こうしたプロセスをとおして習得されていくものであって、他に王道があるわけではありません。
　しかし、こんな疑問をもたれるかもしれません。いかなる行動をもって成功した行動と呼ぶのだろうか、成功を判定する社会的・モラル的な基準がなにかあるのだろうか、と。
　それは、その個人であると思います。ある行動の成功と失敗を最終的に判断するのは、行動したその当人でしかありえないのです。下意識や直観、生理的反応、それに周囲の状況も成功の判断基準に影響を及ぼします。ですから場合によっては、その判断がモラルや社会とずれたものになることも当然にありうるのです。この手探り実験と成功の展望を多様なものにし

ていくこと、より聡明な生活技術の基盤をそのような仕方で培っていくことが、すなわち教育の役割というものでしょう。しかし、このことについて語るのは後々の章に譲りましょう。ここではとりあえず、上に述べてきた手探り実験の過程を、科学の実践過程と突きあわせてみることにします。

　ことの発端は個人、探索する個々の人間です。彼や彼女が探索するのはなぜかといえば、理由は簡単、状況に満足していないからです。安全が十分に保障されていないからです。それは夜、そっと巣穴を抜けだす狐のそれに似ています。彼は用心深く、あたりの様子を覗います。食べ物を求めて、おそるおそるあたりを散策し、やがて冒険の旅に踏みだします。探索し、知ること、自分の周囲を知り、自分の知識を――すべての観点から――より豊かで、より確かなものにしていくことは、人間の、いや生きとし生けるすべての者の生来の欲求なのです。すでに登った足場を維持することだけで精一杯なために、そうした欲求を喪失してしまうのは、病人と老人だけです。この水準でも、手探り実験が純粋なかたちで立ち現われています。以前にその有効性が証明された行動。もしかするとそれを発見したのは他の人であったのかもしれませんが、しかし、それは間違いなく彼自身が自分で見つけたことなのであり、彼にとって、それはまさしく彼自身の発見なのです。欲するがままに、彼はこの成功した行動を何度も反復するようになります。もしも成功がほんものならば、それは堅固にうち固められ、じょじょに生活の技術として定着していきます。

　人類は最初、このようにして鉄を発見したのでしょう。まだ不器用なものであったのでしょうが、この発見をもたらした操作をくり返し何度も何度も反復したのでしょう。そうやってくり返しているあいだに、だんだんと確実に、規則的に鉄をつくることができるようになっていったのです。こうやれば確実に成果があがるとなると、それはもっとよい方法を見つけだし、もっと高度な水準に挑んでいく下地を形成することになります。もっと強力で、もっと巧妙で、もっと手のこんだ仕組みを、なんとか考えだ

そうとするわけです。

　さて、このようにして柱が立てられ、足場が組まれて、それを最大限に使って人類は偉大な技術革新をなしとげます。おそらく何世紀にもわたってわれわれはその柱のうえにとどまりつづけることになるのでしょうが、あるとき一人の探究者が最初の足場を維持しつつもあえて新しい手探り実験に乗りだして、ついに金的を射止めるのです。

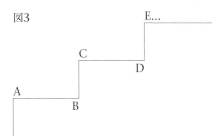

図3

手探り実験によって最初の発見がもたらされる(A)。
長く踏襲されることによって、この発見は体系化され、機械化されて、生活技術となる(B)。
それは法則化されて、つぎの世代に教え伝えられる。
この法則によってこの階梯での作業は支配され、一定の安定性が確保され、
同時にまた、それがつぎの新しい手探り実験を誘発する下地にもなっていく。
無数の模索が行なわれるが、そのなかからひとつが成功してつぎなる階を組織していく(C)。

　最初の発見は危険な賭けで、それまでの柱とは違う柱を立てるわけですから、新しい探究に挑戦する者はつねに反対や妨害に直面します。

　しかし、既成の水準を突破しようとする試みはその後も輩出して、これもまた確立して、足場のつぎの「階」になっていくのですが、しばらくするとつぎなる新らしい研究がまた飛びでてくるわけです。

　かくして科学進歩の過程は以下のように図式化されるのですが、なんのことはない、これは手探り実験のプロセスそのものであります。

科学史家が言う科学の発展は、手探り実験そのもの

　どうやら科学の準則は、ひとつの基軸のうえでしか効力をもたぬものであるようです。

　人が車を発明すると、文明は車一辺倒になります。どこまで行っても車また車であって、科学知で武装した人間たちが規則だの法則だの規範だのを策定し、それを次代の若者たちに教えていきます。走るときはこのうえを走らなければいけませんよ、というわけです。

　でも他日、もうひとつの発明が行なわれて、科学はつぎの階梯に押しあげられていきます。最初の基軸上で通用していた準則や法則は、そこでは神通力を失ってしまうのです。つまり、第1の基軸が第2の基軸への投企を誘発する足場となるのですが、しかし、それはそれだけでは新しい発見を促すものとはなりえないのです。それどころか、新しい発見はつねに最初の基軸上で支配的な準則や法則との断裂をとおして出来します。地平が異なると、最初の基軸上での準則・法則はかならずしも妥当性を担保しえないのです。

　もっぱら手探り実験をとおして新しい発見に到達した者たちがきまって悩まされるのは、既存の基軸に独善的に執着する人間たちのびくとも揺るがない凪いだ精神です。確定的と信じこんでいるテクニックにあぐらをかいて、次世代の者にも確固不動の真理として、それを教えこんでいるのです。新発見などと称して、わが科学に楯突く者に禍あれ！

　探究を行なわない科学人間は、最低の足場に鎮座したまま——彼らの第一レベルでの法則に準拠して——水より重量の大きな物体は水のうえに浮かぶことはできないと科学的に証明してくれます。空気より重い物体が空を飛ぶはずはないし、人間が二輪車なんかで走れるわけがない。電気が蒸

気機関を、原子力エネルギーが電気エネルギーや水力エネルギーを廃朽化するなどということもありえない。

「クロード・ベルナールの発見のどのひとつをとっても、それは著者の栄光を確立するに十分である」とロベール・クラルクは述べていますが[1]、そのすべては当代の科学者たちの一斉砲撃にさらされ、しばしば辛辣な批判と、その業績にまったく相応しからぬ冷笑をもって遇されたのでした。

「ぼくが直面した事実は、それまで支配的であった理論とは齟齬するものでした。事実を受け入れて、理論を放棄するほかはありませんでした。その理論が偉大な発明者の名とともに広く一般の承認を得ているものであったとしても、です。科学の発明は完全に論理的で体系的な思考の枠組みにはなかなか収まらないことが多いのです」と、クロード・ベルナール自身は記しています。

科学史家のルイ・ドゥ・ブロイはこう述べています。「われわれは直観に促されて予期せぬ思考の飛躍をとげることが少なくない。重装備の三段論法とは比すべくもない一種の内的幻想を介して、一挙に現実の深層を見抜いてしまうのだ。それは人間の精神に属する固有の可能性であり、科学の建設において日常的に重要な役割を演じている[2]」。

「みずからの観念を絶対的な真理として宣揚する形而上学とは反対に、実験が投げかけるのは疑問である」と、ロベール・クラルクは言っています。「返って来る回答がネガティブなものであっても、それを受け入れなければならないのだ。この場合、ひとつの思想を放棄して、他のそれに代えなければならない。それゆえにわれわれはこう考えるほかはない。ダイナミックな思考、すなわち新たな発見を導きだす研究者・探究者の思考は、形式論理に合致してはたらくとはかぎらない、ということである。われわれの精神は形式論理の演算機械ではないのである」。

科学史家のなかには、把捉しがたきものの重要性をひじょうに強調する

人たちもいます。

　ルロワは科学的発明の過程を分析して、つぎのように述べています。「発明は、まるで雲をつかむような想念、ほとんど二律背反で知的には理解しがたい曖昧模糊とした観念のなかでかたちづくられることも多い。夢想、暁の薄明のなかからかたちあるものが生成するのだ。厳密さと精密性にたいする悪しき心づかいは、しばしばいかなる方法的欠落にもまして不毛なものになる[3]」。

　もう一度、ロベール・クラルクの言葉を引きましょう。「われわれの精神のはたらきは、見た目ほどにはクロード・ベルナールのそれと遠く隔たってはいない。精神の冒険の旅への誘い、行方の定かならぬ無明の道をあえて歩み、誤謬を恐れることなくインスピレーションに身を投ずる精神の自由、そこに彼の『視る経験』の本質があるのだ」。

　「科学は未知という敷居のまえで立ち止まる」と、クロード・ベルナールは言います。

　シャルル・ニコルも同じことを敷衍してこう言っています[4]。「挑んでか、挑まずしてか、とにかく予期せぬ光が、眩く、あらあらしく差しこまれるのである。一瞬前まで、すべては不分明であり、混沌として手のつけようがなかったのだが、突然、すべてが明らかになる。まさに啓示である……この衝撃、この突然の光明、この新たな事実がもたらす恍惚、それをいま、私は表明し、証明し、それをみずからの体験として生きることができるのだ……この前方への跳躍、たった昨日まで未知であった暗黒の制覇はひとつの行為である。それはたんなる論理的な思弁ではなく、イマジナションであり、直観なのである。その行為は芸術家や詩人のそれと踵を接し、その夢想は彼らの創造の行為と異ならない」。

　このシャルル・ニコルの見解ほど、私たちの観察をよく裏づけてくれるものはありませんが、しかし、同じような指摘は、どの学者の著作のなかにも見ることができます。

図4

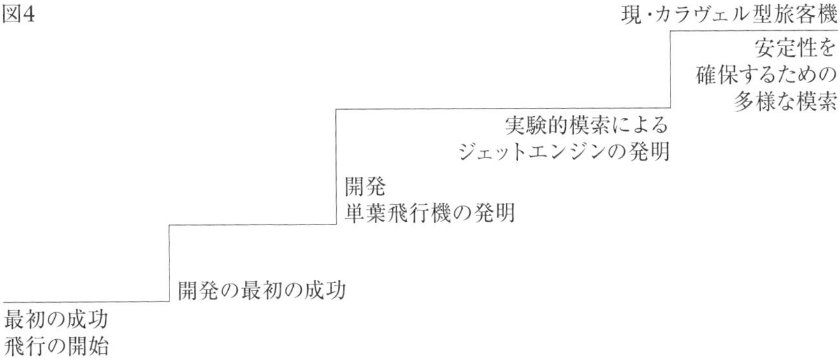

```
                                    現・カラヴェル型旅客機
                                     安定性を
                                     確保するための
                                     多様な模索
                         実験的模索による
                         ジェットエンジンの発明
               開発
               単葉飛行機の発明
       開発の最初の成功
最初の成功
飛行の開始
```

　彼が提起しているシェーマは、おそらく現代科学のすべての軌跡に通ずるものと言ってよいでしょう。

　現代のカラヴェル型旅客機は、外から見るだけなら、たんに科学技術の成果として目に映るだけです。しかしながら、そう見えるのは航空機技術が今日の段階で組んだとりあえず最新の足場にすぎず、それは新しい手探り実験を介してつぎの基軸が架けられることを待機しているのです[図4]。

　このプロセスのなかで手探り模索が果たしている役割の大きさは無視しえないものがあるのですが、しかし、ともすると、人はこれを侮り、かえりみるに値しない些少な要素として黙殺するのです。

　翼の設計や風洞試験でいったいどれだけ多岐多様な模索が行なわれたことか！　装置の形状、その機能、空気抵抗、揚抗力などをめぐって、研究者たちがどれだけ多くの試験を積み重ねてきたことか！　それはまことに想像に余るものがあります。どれだけ多くの原案がつくられ、没になり、どんなにおびただしい着想が破棄されたことでしょうか！　いっこうに光明の見えない夜の闇のまえで、どんなに絶望に苛まれたことでしょうか！

　ボルトひとつを選ぶのだって無数の条件が必要なのですが、その手探り試作の紆余曲折を、だれも物語ってはくれません。すべての新しきものの新しさ、そのもっとも斬新な機能もまた、実験的な模索をとおして得られ

たものなのです。もしも既成の法則をなぞってつくられたものであるとすれば、どんなに新奇さを誇っても、それは新しくも革命的でもないでしょう。

　説明をわかりやすいものにするために、ひとつの基軸(palier)からもうひとつの基軸に近づいていくプロセスに作為的に焦点をあてましょう。

　まずまえの基軸ですが、そこでやっていくことに満足している人たちもいますし、ニコルやクロード・ベルナールのように、なにか革命的な原理を発見して新しい基軸を立ちあげることを夢や直観のかたちで夢想している人たちもいるでしょう。科学を進歩させるアクティブな行為者は後者なのですが、しかし、現在の基軸を運営している人たちから見れば、彼らはしごく迷惑な存在です。まえの基軸は成功を収めて生活の技術になっているわけですから、つぎの段階に移るのはまだまだ先の話であってほしいのです。ですからまえの基軸をとり仕切る人たちは、自分たちの安寧を脅かす探究者にたいしてしばしば防衛の牙をむき出しにします。重要な発明が特許をとるや、巨大企業がその買収に乗りだすのはよく聞く話です。利用するためではなく、他企業の手にわたることを阻むために——自分たちがいま支配している足場を動かないものにするために、この買収は行なわれます。

　われわれが手探り実験の普遍的な法則として考えていることを申しあげますと、もっと確かな仕方で科学の発展プロセスを説明することになるのではないかと思います。

　プロセスをふたつの時間に区分することができます。言ってみれば心臓の鼓動のようなものです。動きが解発される期間と、それが組織・運用される期間です。

　一方は高貴でまことに比類なき局面なのですが、大変にやんちゃで科学が奉じている通念にはいっこうに耳を貸しません。もう一方はテクニカルな局面で、一般にいわれていることをよく聞く、というか、準則や法則を

忠実に守るのですが、きかん坊の学者や研究者が突然に革命的な知見をもたらしても、まったく無反応です。

すべての創造は、どの分野においても実験的模索によってひき起こされるのですが、その手探り実験は、おそらく完成度の高い道具を足場にして、ただしそれをあくまでも新しい探究の否定的なバネにして生まれてくるもの、と言ってよいでしょう。

これがすなわち、科学の歩みの創造的な側面です。

創造の結果として新しい道が開かれ、より高度なレベルでの実践的応用も可能になるのですが、それが制度として定着していきますと、当初は革命的であった学者たちの発見もお定まりの作業の手順と化していきます。この場合に要求されるのは資格です。つまり、ただの馬の骨ではダメなのです。資格といっても、所詮はB級のものなのですが。こうして現代の高度な命題計算が誇示するところの赫々（かくかく）たる準則や法則が定立されることになります。しかし、それらは想定された基軸の内部でしか妥当性をもちえません。あらたな柱が立ったら、それは神通力を失います。

私たちは科学の学習についても、同様にふたつの形態があると考えています。

 ＊できあがった階梯のうえでの学習。学ぶべき不動の法則があって、いつでもどこでも答えが保障されています。どの学校段階であれ「教授」と呼ばれる先生がたは殊の外この境地がお好みのようで、確かさ絶対の基礎のうえに立って教えを組織することに励んでいます。「技術者」と呼ばれる人たちも、概してこの基軸から離れません。こうした学習は学校のお手のもので、現代の大方の科学者も、その顰（ひそみ）にならっています。

 ＊しかし、これでは科学は進歩しません。もしも私たちが詩人にして技術者でもある理論的探究者を育てることに失敗するならば、

先人の模索の成果である既存の基軸から出発して新たな手探り実験に果敢に挑戦していく探究者を養成できないとするならば、そのとき科学はできあがった枠組みのなかにみずからを封じこめていくことになります。

　こうした能動的な探究者に必要とされるのは、第一のそれとは異なる形態での生産であり、異なる文化なのです。準則などには信を置かず、もっぱら手探り実験で行動する者たちの文化なのです。私たちが追求している新しい科学教育の道は、これです。
　既成の基軸のうえで営まれる科学と科学の創造とを、このように大きく分けて考えると、学習過程に含まれている特殊な問題性もよりよく理解できるのではないでしょうか。
　成功を収めた実験は辛抱強く反復されて生活の技術として確立され、われわれの時代の人間たちはその偉大な傘の下で便益を享受し、なにほどかの力を得た――少なくとも得たという幻想を、もつようになります。それが提供する文化は、それなりに価値のない文化ではないのですが、しかし、その文化は一次元的な文化にすぎません。
　たとえば、音楽や絵画のような他の文化領域の場合、手探り実験によってもたらされた革命的発明がどんなにめざましいものであっても、自動的にそれに倣うことはできません。成功した経験が制度化されて、次世代に譲り渡されるということにはなりません。
　ところが学校においては、多様な肩書きの教授先生がたがあいも変わらず準則だの法則だのを教えこむことで汲々とされていて、結果はご覧の如しです。じつのところ、そんなやり方では音楽家を養成することも、絵描きを育てることもできないのです。彼らは最初の基軸にしがみついて、いっこうにそこを離れようとしませんが、閃く頭脳をもった発明家や詩人は、だれも踏みでようとしなかった未然の地平に超えでようとする者たちであ

るからです。

　われわれが新しい、もっと有効性の高い次元に突きぬけていく日は、いつの日なのでしょうか？　一方においてテープレコーダー、レコード、ラジオが開発され、また他方で映画が、写真が、テレビが発明されて、それを準備しているようにも思えるのですが、しかし、そうしたテクニカルな手段を受け入れている文化は、明らかに一元的な文化です。と同時に、それを真に使いこなして高貴な達成をなしとげるのが、つねに創造者の精神の弾み（élan）でしかありないことも、これまた明瞭です。

　そのようなわけで、「手探り実験」は、すべての科学研究の分野において一貫してもっとも重要な方法でありつづけているのです。

教育を、子どもの感性全体に働きかけるものに

　技術というものはつねにそれなりの時間をかけて、一定の基軸上での完成度を高め、より大きな収益を収めようと努力します。そのようにして次第に地歩を高め、手探り実験から生まれた成果を押収して実用化していくわけです。

　そこでの成功は、より果敢で、よりダイナミックな研究を抑圧するという代価をはらって達成されることがしばしばです。あまりにダイナミックですと、既存の基軸のうえに成り立っている諸法則とのあいだに亀裂を生じかねないからです。

　アメリカ式の技術文明の到来とともに、すこぶる先鋭なかたちでこの問題が提起されることになりました。

　所定のリズムにもとづく生産と労働の管理、能率性の向上と大量生産が声高に叫ばれ、心理学でも哲学の領域でも——プラグマティズム哲学はとくにそうですが——現実を強迫神経症的に絶対視する知性が一世を風靡す

るようになっています。人間活動のあらゆる領域で、その危険性はまことに目に余るものになっています。

　教育についてみますと、この種の機械文明の下では、教育の成否は即テストでの「成功」と「失敗」の頻度次第ということになり、あげた点数の多寡を競う競争のなかに組みこまれていきます。

　すなわち機械が人間に適応するのではなく、人間が機械のリズムに歩調を合わせて行動しなければならない、というわけです。

　学校の教育実践にティーチングマシンが導入されて、若きアメリカ人の、とりわけ読み書き学習の能率をあげる利器として使われるという話に、古色蒼然たるわがヨーロッパの教育者たちはど肝を抜かれています。

　楯には「ビヘビアリズム（行動主義）」という紋章が彫られているのですが、一切の主知主義的な人間行動の理論に、これがど派手な一撃を加えていることは間違いありません。ティーチングマシンはまことにアメリカ的精神の鑑とも言うべきもので、それがなににもまして心を砕くのは流れ作業の実践であり、その結果として得られる成功なのです。

　アメリカの実用主義者たちは、人間の思考や行動過程がどうあろうと、そんなことには、あまりかかずり合いません。そんなことよりも、問題を単純化するテクニックを発明することのほうが重要なのです。大人が、学生が、子どもが、与えられた問題を単純な問題に還元し、望むべくば、さして考えることなく即答できるようにして、できるだけ少ない時間で、できるだけ大きな数字を結果としてうち出すことが重要なのです。

　知性も感性も教育にとってはどうでもよい瑣末事にすぎず、ですから教育の決め手は要するにティーチングマシンになっていくわけです。

　これについて書かれたどの文献にも特徴的に表われているのですが、ここには伝統的教育学の誤りや欠陥がすべてそのまま温存されています。授業がなくなるわけではない、ただその授業を、機械を導入して別なかたちで行なうだけです。子どもに与えられる問いは旧態依然たる学校的な問い、

ただし解答は機械のメカニズムを介して行なわれ、これが解答の正否をチェックすることになります。こみ入った機械を考えだしたおかげで、たしかに教師と生徒のオウムめいたやり取りは回避できたことになるでしょう。しかし、プログラム学習に盛りこまれた内容は教科書のそれとぜんぜん変わりません。ただそれを「飲みこませる」テクニックが従来のそれと違っているだけです。

　私たちはこうした技術革新によって結果が目に見えて改善されるのであると聞かされてきました。子どもは先生主体の授業から解放される、自分で学習に取り組むようになる、というのです。しかし、その勉強自体はいっこうに主体的なものでも、自身の興味に導かれて行なうものでもありません。こうした基盤のうえに導入されたティーチングマシンが真にもたらすものは機械的な進歩にすぎず、それは伝統的な教育に迎合して文化の本当の問題を先送りにするものでしかありません。

　私たちはこうした極端な実用主義から脱却し、ティーチングマシンだの学習のプログラム化だのという詭弁的な理論に足をとられることなく、教育をもう一度、脳味噌ばかりでなく、子どもの感性の全体にはたらきかけるものにしていかなければなりません。

　「ビヘビアリズム」が伝統的心理学や教育学に向けている論難がすこぶる根も葉もある非難であることを、私たちはよく承知しています。伝統的教育学が問題にしているのはつまりは知能と理解力だけで、行動や生活問題の解決は、結局のところどうでもよいことだと信じているのです。

　子どもが理解しないのならば、彼にこんこんと説明し、自分が理解できていない所以を納得させればよろしい、というわけです。説明といっても知的な説明だけです。人間の感覚器官は頭だけで、閉じた脳味噌の先端で空回りしているのだ、と言わんばかりです。子どもは一定の条件に恵まれれば、あれこれと観察したり、何度か試みた末に、先生が自分だけが秘訣を握っていると思いこんでいる難問を、子どもだけで解決してしまうもの

ですが、伝統的な教育者はそんなことがありうるとはゆめゆめ考えたことがありません。知識は、彼によれば上から与えられるものであって、下からもり上がっていくものではありえないのです。マシーンは先生のオハコを奪って、先生が出した問題に生徒が自分で答を出すことを助けてくれますが、それは教科書の説明の後ろにはかならず練習問題があって、生徒が自分で取り組まなければならないのと同じです。

ビヘビアリストたち、とくにプログラム学習の父とされているハーヴァード大学のスキナー教授は、主知主義的な学習理論に猛烈に反対し、行動主義者たちがこれこそが行動過程の正しい理論モデルだと考えている学説を発見したのでした。

「ビヘビアリズムの創始者であるワトソンによれば、学習には複数の様式がある。手探り模索、模倣、教育である。しかし、これらの方法は、結局は第一の方法に帰着する。それがすなわち『試行錯誤』の原則である」

どうやらここに問題の核心があるようです。

では、その「試行錯誤」の方法とは、どのようなものなのでしょうか?

「動物や人間はそれまでの彼らの反応のレパトリイではうまく対応できない新しい状況に直面すると、一連のいろいろな動きをやってみるものだ。反応をいろいろに変えながら、生命体は状況に適した反応を偶然にやってのける。その後は同じ状況がくり返し現われたときに、正しい反応をする以前に行なっていた不適切な動きは次第に出現頻度が減って、正しい反応がますます迅速に現われるようになる。最終的にはそれが唯一の行動となり、その状況が現われると即時に正しい反応が現われるようになる」

どういう法則、あるいはどういう傾向性にもとづいて、手探り総体のなかからその正しい反応が現われるのでしょうか? ビヘビアリストたちは、その問いには答えていません。

ソーンダイクの、彼が「効果の法則」と名づけている定式があるよ、と反論されるかもしれません。「満足な結果をもたらす行動は、反復される

傾向がある」という定式ですが、私たちが「経験の透過可能性」と呼んでいるものについてはまったくなんの重要性も与えていません。彼の唯一の結論は、成功が「強化」を生むということです。その強化は報奨によって機械的に育まれます。この手探り行動の理論、○か×かという二分法は、徹底的にアメリカ的な理論であると言ってよいでしょう。この場合、強化はちょうどネズミの実験と同じような仕方で、すなわち成功のたびごとに報奨を与えるというやり方で人工的に誘発されます。あるときは飴玉、あるときはパイ、最高なのは状況を完全に機械化してしまうことで、ランプがついたら子どもが成功とわかるようにしつけてしまうことです。

この種の作為的な強化は、私たちがそこにこそ立地しようとしている、子どもの内心に発する深い学びへの欲求を安手な欲求にすり替えるのです。

ビヘビアリストの発見は、要するに中途半端なのです。私たちは手探り実験と、それに根ざした自然方式で——すなわち生命・生活そのものの表現でもあるような自然な学習方法によって、それをより完全なものにしたいのです。

われわれ人間は、はじめての場所に足を踏みいれたりしたときに、もっぱらこの試行錯誤の方法で環境との渉りをつけることになります。きわめて覚束ない第一歩であり、自分の意思をはたらかせての実験ではないのですから、できることはたかが知れています。とはいえ運まかせにしないでなにかを始める、その発端としては、それはそれなりの意義をもっているのです。

私たちの理論をいまは心理学的にこまかく基礎づけることはできません。それをもっと弁証法的に基礎づけてくれる科学的研究を将来に期待したいところですが、いまでも言えることは、すべての成功した行動はその個人のなかにある「痕跡」を穿つということです。爾来、反応はこの最初の行為のあとを追って行なわれ、その轍をふまえる傾向が現われて、成功に繋がる路線としてそれが定着していくわけです。

生活と経験を介して、その生活と結びついたさまざまな問題が子どもに投げかけられ、彼は自分の才覚で、あるいは教師の助力を得ながら、それを解決していきます。とても大事なことは、仮にうまくいったとしても、その成功はとりあえずの成功であり、テクニックが習得され、自分の技能として同化された暁にはつぎに挑んでいくための足場にすぎないことが子どもによって自覚されていることです。

褒美や罰で刺激するのでなく、子どもの生活にエネルギーが潜在する

　でもですよ、じゃだれが、子どもの尻をまえに押しだすのか？
　やはりね、なにか手だてが必要なんじゃないですか？　失敗した場合の罰とか、努力して成功させるエサとなるご褒美とか？——というわけで、さぁ、われらが教育学の出番です。アメリカでの先例にならって、しかし、根本は伝統的教育学そのもの。子どもの前進し、建設し、創造する意欲を萎えさせる手だてが——ぞろぞろと登場です。罰とご褒美という相変わらずの観念が、すこし手加減を加えてではありますが、ちゃんとカードとして残されているわけです。
　じつを言えば、こんなお粗末な条件下でも、子どもは彼なりの柔軟さを発揮して、これはと思うときにだけ、自分のリズムでそれを活用するものです。それが彼らに新しい興味をかきたてるものであれば、メカニカルな学習具であっても、それにとびついて利用していきます——そうした条件下においてすら、子どもは新しいテクニックからちゃんと自分に役立つものを汲みあげていくのですから、もしも私たちがそれを生活の複雑な局面により十全に統合できるものにしていけば、その利点はより大きなものとなることでしょう。
　内心に発する真のモティベーションを欠落させたままに、これらの機械

やプログラムを使わされた学習者は、フランスの教育者が軽蔑してやまない「条件づけ」をほどこされることになります。

　動物に「強化」のテクニックをほどこすと、その効果はてき面で、一定の刺激にたいしては間違いなしに一定の反応が得られるようになることが、実験的に明らかにされています。このような仕方でネズミやハトを躾け、つぎつぎになにかを示すことでそれに反応する一連の行動を確実に誘発していく、まことに効果的な調教に成果を収めているわけです。ある種の人間教育のなかでも、伝統的にこの訓練方式が使われてきました。一連の質問を機械的に提示するという、明らかにその応用といってよいやり方で、功奏しそうな場面ではそのつどこれが利用されています。とはいえ、それを他の場面に応用するわけにはいかないことも、これもまた明らかです。

　「生徒たちはしばしば、数学や論理学の学習のなかにまで、このやり方（強化方式）を持ちこんでしまう。これこれの質問にたいしては、これこれの言葉や数字で答えればよい。この態度がすっかり習慣化されているのである。言いかえればテストでの成功というかたちでこの反応が『強化』されているのである。どうして他の答よりもその答のほうが優れているのか、自分の眼から見てそれが納得できるものかどうか、そうした類の疑問はまったく念頭外の子どもが多い。先生が教えようとしていることをひたすら覚え、ただ先生を満足させようと頑張っているのである」(J. Blyth[5])

　この「反復にもとづく条件づけ」については、若干、議論の余地がないわけではありません。私たち自身も「自己修正カード」という教具を使って、それに類することをやっているからです。これはウオッシュバーン[訳注1]の実践に想を得て始めたもので、この人はティーチングマシンへの道を踏み固めたアメリカ行動主義の影響をどっぷりと受けている人物です。

　私たちもまた、さまざまな事項の習得を目指し、そのための方途として、一連のエクササイズを考案しています。子どもが反復をとおしてあるテク

ニックを身につけていく、方法的に順序だてられたエクササイズです。まえにも述べたように、このやり方は教科書の練習問題にくらべると効果も高く、いろいろな点で利点が大きいのですが、にもかかわらず心理学的に誤りであることに変わりはありません。

　言語学習については、とくにそのことがいえます。一例はアメリカの心理学者たちがよく口にする「こだまのレパトリイ」です。

　「すべてのタイプの行動について、それがかたちになるまで座して機会を待つというわけにはいかない。刺激があればただちに応ずる——つまり、それぞれの刺激に応ずる反応のレパトリイをつくりだしておいて、どんな反応でも呼びおこすことができるようにする必要があるのだ」

　著者たちはとんでもなく誤った学習理解に立脚して、この「こだまのレパトリイ」なるものを解説しています。

　「そういえば、子どもに話すことを教えるときでも、世の人びとはそうしている。たしかにしかじかの語に近似した音声を子どもが発するまで待機すること、この自発的な言語行動を強化し、しかるが後に近接度を高める、等々の対処を考えることもできるだろう。しかし、こうした学習法は理論的には考えられるのだが、極度に時間のかかるものとならざるをえないだろう。原則として世の人びとは「こだまのレパトリイ」にもとづいて子どもを教えている。「ダダ」（お馬さん）、「シャ」（猫）と言っては、何度もこのシラブルをくり返す。こうして、ある刺激が与えられるとそれに合致した反応がこだまのようにすぐに返ってくるようになるのである」

　「事物の名前を覚えさせるときに、大人は絵本を見せて、こだま刺激にひじょうによく似た刺激を投げかけるものである。絵本には、〈これは花です〉と書かれている。そこで子どもに絵本を見ながらハナと言わせる。このようにして最終的に絵本を統制刺激とする反応が全面的に成立したとき、子どもは『花』という語を習得したことになるだろう」

　なんのことはない、これは完膚なきまでにスコラスティックです。それ

が立脚するあやまてる学習論は、私たちがこれまで一貫して否認してきた学校的方法そのものなのです!

　子どもは家では、こんなやり方で言葉を覚えるのではありません。こんな学習方法がまかり通っているのは、たかだか学校くらいなものです。

　子どもは実際にどんなやり方で言葉を学んでいるのかといいますと、言葉から出発するなどというのはごくたまたまのことで、通常は浮かんだ考えが、あるいは五感で捉えた事物があって、それがまずは所作となり、ついで音声として表現されるのですが、それは「手探り実験」の過程にそってとても緩慢にかたちをとっていくのです。

　反復し、条件づけをとおして言葉を知るというやり方は、ですからけっして言語学習の本道ではないのです。全面的に切って捨てることはしないにしても、少なくとも極度に慎重に使うべき方法なのです。

　この著者の助言によると「必要なら、正しく答えたときにちょっとしたご褒美を与えるのも一案だろう（たとえば、お菓子や飴代わりのジュトンなどを）」だそうです。

　建前論を振りかざしてこうした便法を一刀両断したところで仕方がありませんが、活動それ自体に魅力を感じている私たちの学校の子どもの場合、ご褒美で釣る必要も、まして罰で脅かす所以もありません。

　それから私たちは、よく行なわれている○×方式にたいしても、同様に断固とした批判を浴びせなければなりません。ラジオでお馴染み、例の「20の扉」方式です。ひとつの問題がいくつかの要素ごとに提示される。競いあう回答者は代わり番こにイエスとノーで答えていくわけですが、一問の解答時間はうんと短い。これはまさに学校の伝統的テクニックとそっくりで、教育者諸君は長くそれを愛用してきたのでした。というのもコントロールが容易で、すこぶる自動的にことが運ぶからです。ゴールにニンジンをちらつかせておけばよく、ラジオでいえば、相当するお目当ては賞金です。

私たちが折あるごとに口をすっぱくして言ってきたように、尋問めいた質問(interrogation)はいかにも学校ならではの風習で、しばしばあまりにも抑圧的で、子どもの心を泥足でけちらす暴力となっています。彼らはまず不意打ちされ、ビビり、しばしば萎縮して、口から出てくる答はもう自分の本心や自分の本当の知識を生かしたものではなくなっています。
　教師の尋問は労働(travail：学習活動)の方途ではありえません。それはなににもまして統制の手段なのです。それが知育(instruction)に、教育(éducation)と文化に、直接的に役立つと思うのは誤謬です。
　「手探り実験(実験的模索)」「経験の透過可能性」「成功を収めた行為」「生活技術(technique de vie)」等々、この本には何度も何度も同じ言葉が出てきますから、こいつ、年寄りめいた繰り言を言っているのではないかと思われかねません。これらはたえず言及しないわけにはいかない私たちのキイ概念であり、その統一理論の基点とベクトルを理解していただくうえで欠かすことのできないものなのです。これらの概念は子どもの生理の次元と心的・知的な次元とをトータルに照射するものであり、彼らの精神のなかに宿る創造力、創発能力の繊細な襞(ひだ)を鼓舞するものなのです。
　「手探り実験」は一本のアリアドネの糸、私たちをオルガニックな観点とスピリチュアルな観点との融合に導く導きの糸とでもいうべきものでしょう。
　私たちはふたつの岸のあいだに橋を架けようとしてきたのですが、それはまさにティヤール・ドゥ・シャルダンが志していたことでもありました。彼は広範な「人間的事象」を繋ぐ導きの糸を、ただし私たちとは異なる道筋をたどりながら、異なる視界の彼方に探り求めていたのです。
　私たちが視線を向けたのはきわめてあたりまえな経験的所与、とても平凡で、とても単純な生命(生活)の諸現象でした。
　私たちはこの平凡な事実、この単純さをなにより尊びました。それが一般性のしるしであると考えたからです。この単純な真実を、私は単純に語

りたい。だれもが自分のなかに感じているそれぞれに独自な根源的エネルギーの、その素朴さをそこないかねないくどくどしい説明よりも、もっと直截にイメージに託してそれを語りたいのです。この潜在的エネルギーは生活のテクニックというかたちをとって、全存在のなかに浸潤しています。そしてそれが分化することによって、それぞれの種の特徴が現われるのです。生物は、このエネルギーなしに生きることはできません。これなしには、身を守ることも、自分たちを再生産することもできません。これがないと、生き物たちをまえへと押しやり、みずからの生の循環を実現すべく駆りたてる、あのしたたかな生命の飛躍バネは消え失せてしまうのです。

　心理学は言うところの科学的な説明を蘊蓄(うんちく)の限りを尽くして与えてくれるのですが、すっきりとなにかがわかったとも、こうだと言える結果が出たとも思えません。門外漢にはわけのわからない隠語をせっせと増殖しているだけの主知主義の地平を突きぬけて、彼らには思いも及ばない破天荒な新しい道を、私たちは探りださなければならないのです。

　私自身は、錯誤、障害、敵意の黒い密林のなかを歩んできたのですが、今日では私たちは藪を切り開いて小さな細道を、ひじょうに確かな通路をさえも、踏み固めています。

　森の出口の見当がつけば、つぎにそこを通る人はもっと早く、もっと楽に、そして迷路に迷いこむ危険ももっと少なく、先に進むことができるでしょう。だって、ほら、枝のあいだから、もう未来の青空が顔をのぞかせているではありませんか。

[1]Robert Clarke, *Claude Bernard*, Éd.du Seuil.
[2]Louis de Broglie, *La Méthode dans les sciences modernes*, Éd. Sciences et Industries.
[3]Abraham Moles, *La Création scientifique*, R. Kister, 1957からの引用。
[4]Germaine Lot, *Charles Nicolle*, Éd. du Seuil. からの引用。
[5]J.Blyth, *Oú en est l'enseignement audiovisuel?*, UNESCO.
[訳注1]
Carleton Washburne(1889-1968)：
1919年から43年までミシガン州の小都市ウィネトカの教育長として
新教育思想にもとづく(とされている)カリキュラム改造を推進した。
3Rsを中心とする基礎教科群は生徒の進度に応じた学習の個人化を徹底し、
逆に図工、音楽、体育、家庭などは「集団的・創造的活動」と名づけて、
ここではグループ活動を重視した。進級はもっぱら前者にもとづいて行なわれた。
43年から軍の顧問として占領下の南部イタリア、
戦後もひきつづきキリスト教民主党政権下で教育政策に関与したが、
実質的な影響については疑問視されている。

第1部
Méthode Naturelle Dans L'apprentissage De La Langue
言語学習における自然方式

1 自然方式と伝統的な方式

　伝統的な方法と私たちの自然方式とでは、よって立つ原理がまったく違っています。そのことの理解がないと、すべての評価は、見当はずれで不当なものになってしまうでしょう。伝統的な方法は、特殊に学校的なものなのです。それは学校という環境のために考案され実践されてきたもので、多かれ少なかれ、そこに焦点をおいて編成されているのです。学校には、学校の目的があり、その生活様式、仕事の仕方、モラルと法があります。そしてそれは学校外の環境、つまり私たちが生きた生活と呼んでいるところのものとは、その目的、その生活様式と仕事の仕方がぜんぜん違っているのです。

　学校という特殊な枠組みのなかで実践されている以上、私たちはことさらに伝統的な方法や、それを実践している人びとを批判するつもりはありません。私たちの自然方式がこの枠組みのなかにあって、うまく適合して、より大きな成功をあげるなどとは、保証しかねるのです。

　私たちが非合理だと思うのは、いまのような学校が存在しているということ、そのこと自体なのです。学校という環境は、まったく時代遅れで、今日の生きた社会環境から危険なまでにずれてしまっているのです。この環境は、よい意味での教育をもたらすものではありません。子どもたちを明日の人間に——自分の権利を自覚し、だがまた自分たちが建設し、自分たちが支配する世界のなかでみずからの義務を立派に果たしていく明日の人間にしていく、という意味での教育にたいして、この環境はまったく無力なのです。

私たちはこう断言します。証拠なら、いくらでもさし出すことができますが。

　　＊伝統的な学校が教えてきたのは、口先だけのモラルで、それは子どもの振るまいにはいささかの影響も与えていない。それが目指しているのは、学校的慣行、すなわち受動的な服従とドグマティックな教えこみという旧習をより強固にうち固め、正当化することでしかない。

　私たちにとって必要なことは、この学校という枠組みをはみ出すことです。あらゆる形態下でのコルポラシオン（協働）、ノーマルな仕事の組織、教育的に好ましい環境下での生徒と教師のより人間的な関係、そうしたものを媒介にしたもっと構成的で実践的なモラルの教育の形態に向かって、大胆に歩みを進めることが必要なのです。
　要するに私たちが再考しなければならないのは、学校という──社会と人間の──形態そのものなのです。

　　＊伝統的な学校がもちいている作文、計算、図画や音楽の諸テクニックは、それに固有な環境のなかで、あたかも自動的に作動するかのように詳細にプログラム化されているが、しかし、それらは、生徒個々人の振るまい(comportement)とも、また学校外の環境が投げかける社会的諸要求(exigences sociales)とも、つながりがない。

　その結果として生まれてくるのは、人間の生とけっして統合されることのない疑似文化です。この偽の文化が、社会的錯誤と欺瞞的な人間操作に道を開くのです。

私たちがしたいと思っていること、それは、この生(生活)への統合をどう進めていくかを探求することであり、学校と生活環境との乖離を埋めていくことです。

　　＊伝統的な学校の物語とは、今世紀のもっとも粗野な教育的妄想を語り示す物語であり、それを私たちは、もっと子どもの身の丈に合った、生き生きとした物語、有用で、人間的な物語にとって代えたいと願うのだ。

　　＊伝統的学校は本質的に権威主義的であるがゆえに、子どもが民主主義社会の積極的な市民として、みずからの役割を担っていく準備をほどこすことができない。

　まさに教育と、それゆえに社会と文化にかかわる重大問題が、あらわなかたちでここに提起されていると言わなければなりません。私たちはこれにたいして、以下に述べるような解決策を提示しようとしているわけです。
　もしもあなたが、いま述べたような批判は誇張で誤ったものだとお考えならば、もしもあなたが、1956年のいまの私たちの社会で学校が正常にその役割を果たし、子どもたちが望ましい仕方で知育と教育をほどこされているとお思いならば、もしもあなたが、すべての事実に目をつぶって、いまの自分のやり方が子どもを生活に接岸させる一番効果的な方法だと信じこむのだとしたら、よろしい、あなたは伝統のなかにとどまっていればよい。私たちの自然方式は、いたずらにあなたの習慣を混乱させ、あなたの静穏をかき乱すだけなのですから。
　しかし、もしもあなたが、1956年においても学校は、世紀初頭の学校と同じ原則と同じ雰囲気のもとで運営されていると思うなら、もしもあなたが、工業や商業のシステムとくらべても、学校はあまりにもアナクロニ

ックではないかと感じ、なんらかの改革がなされるべきだと思うなら、私たちのグループの長年の経験の諸帰結から、あなたはなにがしかのものを引きだすことができるでありましょうし、批判的で弁証法的な精神をもって、私たちの大問題に、非宗教的で真に民主的な民衆教育の樹立という大きな問題のまえに立つことになるでしょう。

　学校の存在は、長きにわたって私たちの心に深く刻みこまれてきたものですし、だからこれを動かしえない既成事実として受け入れてしまう傾向も強いのですが、その学校を、もう一度、根本から考え直すということは、言うなれば容易ならぬ企てです。疑問だの反対だのが百出してびっくり仰天、おそらく気の弱い人なら頭を抱えこんでしまうかもしれません。そこでまずはそんな疑問に答えることから、この本を始めることにいたしましょう。

自然方式ってなんだ？

　もしもみなさんがお母さんに、お母さんはどんな方法で子どもに言葉を教えたの？　なんてたずねたら、彼女は——かりに彼女が、学位取得者、教養派の女性、あるいは文法や音声学の教授であったにしても、ですが——唖然として、あなたの顔をまじまじと見つめることでしょう。なんだって！　子どもに言葉を教える方法が二通りあるんだって？　赤ちゃんに言葉を教える方法なんて、一通りだってあるのかしら！

　実際には子どもは、ただ自然なプロセスをとおして言葉を学んでいくだけのことで、それを私たちは『可感的心理学の試み』では、実験的模索と定義したのでした。

　子どもは、多かれ少なかれ偶発的に、多かれ少なかれ示唆的な叫び声を発します。子どもは、その叫びが周囲の人びとに一定の影響を及ぼすことを、ちゃんとではないにしても直観的に当てこんでいるのです。

この叫び声が何度もくり返すなかに抑揚をつけ、分節化されて、言語になっていきます。どんな原動力、どんなノルムがはたらいて、この進化、この制覇が達成されるのでしょうか？
　その過程を要約すると以下のようなことになりますが、これは言語の習得だけにかぎられたものではありません。

a＊あらゆる領域において、人間を動かしているのは生の原理です。人間がたえず向上し、成長し、みずからを変え、メカニズムや道具を把握して、周囲の環境を支配する力をできる限り大きなものにしようとするのは、まさにこの生命原理の発動によってなのです。
　この衝迫が存在しなければ、どんな教育的願望や創意工夫も、かならずや不発の結果に終わるでしょう。言語記号の教育の領域でも、その多くの試みは、多大の努力と方法的な洗練にもかかわらず、そうした結果を招来しています。

b＊個人は自分の表出行為、仕草、叫びを周囲の人たちのそれと調和させたいという、ある種の欲求を経験します。この欲求は、たんに心理的であるにとどまらず、機能的なものでもあります。不調和やちぐはぐさは、すべて統合状態からの逸れと感じられ、苦痛の原因になるのです。
　模倣と言うだけではこの場合は不十分でしょう。それはもっと深くて、もっと有機的で、もっと絶体絶命のもの。ひとつの仕草から似たような仕草が喚起され、同じ波長で振動が伝わり、リズムが同じからだの動きを誘発する、叫びが同じ叫びを呼びおこす、といったようなものです。
　もっと力を、と欲している子どもが、この共鳴の法則の力を借りて、自分の仕草、自分の叫びを周囲の人びとの行為や音声と唱和させようとするのは当然です。

C*この冒険はどのようにして達成されるのだろうか？　実験的模索。それ以外のやり方はありません。科学は結果にすぎません。

　自分の叫び声を周囲の叫び声と合体させようとするこの自然発生的な努力の過程で、子どもは生理的・技術的にできることなら、すべてつぎからつぎへと試みるのです。あらゆる組み合わせの可能性を探りながら、器官と器官を連動します。舌はこんなふうに動かして、唇はこう、歯はこんな位置において息を吸い、そして息を吐く。うまくいったら、やったことを覚えておいて、もう一度くり返し、それを使う。意識的にくり返すことで、多かれ少なかれ安定性をもった生命のルールとして、それは固定していくのです。

　こうしてあるとき気がついてみたら、耳にしたいろいろな音声を完璧に模倣するようになっているのです。かずかずの経験を経て、ようやくこうした結果が得られるのですが、人は——大人であれ子どもであれ——みずからの生が全的にそれにかかわりあっているときには、けっして労を惜しんだりはしないものです。

　論理じゃない、手探りの模索しかないのだ、と教えてくれる証拠、それは以下のようなものです。

> *子どもになにか身体的な欠陥があって、聴覚が不完全なとき、たとえば、耳に障害があってある高さの音は聞きとれないというようなとき、子どもは言語を完全なかたちで模倣するにはいたりません。たとえ耳は聞こえていても、先天的もしくは後天的な理由で、感受能力の範囲がかぎられてしまっている場合も、言語の模倣は不完全なものになるでしょう。
> *子どもは良いところも模倣しますが、欠点も模倣します。周りの人たちの表現行為に、子どもはただ闇雲に同調するだけで

す。だから独特なアクセントだとか、その土地その土地の慣用語法だとか、ある家族なり集団なりに通有なヘンな発音の仕方〈prononciations défectueuses〉だとかが、すっかり子どもの身についてしまうのです。

d＊論理的外見を誇る構築物よりもこの実験的模索のプロセスのほうがより手間どるとはかぎりません。しかも、このプロセスは改善もできるし、加速もできるのです。〈助長的な〉環境、つまり、できるだけ完全なお手本が提示されている環境、くり返し試みて、誤った動作や間違う危険性を少なくしながら成功事例を体系化していくことを容易にしてくれる環境、そのような経験を個人が恒常的に積み重ねていくことを促し励ます環境というものが、加速の決定的な要因であることは言うまでもありません。

　　　＊

　教育者がこのプロセスの普遍性を無視し、実験的模索なんてムダ、そんなものはやめてしまえという言い分を信じこんで、そのかわりに論理的で科学的な見てくれをした人工の方法を採用しなければならないと思いこんだときに、彼は、とり返しのつかない誤りを犯してしまうのです。彼は呟くかもしれません。どうしてもたもたと、子どもにいつまでも不手際なことばかりやらせているのか、と。はいはいとか、家具づたいの、椅子から椅子へのヨチヨチ歩きとか、益体（やくたい）もないことを長々とやって、そして最後にたったひとつの肝心なこと、正規の歩行、走る、飛ぶという重要な課題にとりかかるのか、と。からだの動きを要素に分解して、筋肉の収縮と弛緩を分析すれば、合理的な歩行教育が実現して、学習者は苦労の多い模索から解放されるのではないか？

　この歯切れのよい、反論を許さない論旨明解な理屈は、しかしながら、歩行の学習にも言語の学習にもけっして適用された試しがありません。適

用しようものなら失敗は明々白々で、そんなことをあえてやってみようという奇特な御仁はいますまい。科学的であろうがなかろうが、確実で一般的な、言うなれば普遍的な事実、それは世間のすべての子どもは、自然なやり方で、歩くことも話すことも覚えていくということです。学校の先生がたの子どもたちだって、その例外ではありません。もっとも恵まれない教育環境の下でも、そのことに失敗したなんて聞いたことがありません。身体的な欠陥がなければ、どんな子でも自然に、きわめて能率的に、歩くことと話すことを学びますし、その学習に疲労を覚えたりはしないものです。与えられた課題のまえで怯んだりすることもありません。学校の泣きどころのひとつは、まさにそこなのですが。すべては、歯が出たり、あごに髭が生えたりするのと同じで、自然に達成されてしまうのです。

　文化を構成する諸分野だって、これと同じやり方で、自然に、無理な努力なしに、学校の宿題や授業とは違う方法で、学習できない理由はありません。

　学校文化を体した人びとは、なるほどこぞって反対することでしょう。仮に歩行や言語の学習にかんして自然方式の有効性が明らかであるとしても、学校が責任をとらなければならないのはもっと知的な諸学科なのであって、その習得方法となると話は別なのだ、と。歩くこと、話すことはこっちの問題。だが、書き取り、作文、哲学、問題を解くこと、デッサンや絵画、それらは話の違う、あっちの問題、というわけです。

　もしこのように自然方式が一般化可能なものならば、半端で役立たずな方法にしがみついて、われわれは百年ものあいだ、無駄にムダを重ねてきたというのだろうかと、首を傾げるリアリスト諸君もいることでしょう。だが、自分の子どもを養育するときは歩くことも話すことも投げ育ちですませて、教育学などというものはすっかり失念してきたママ先生は、学校に来るとあべこべな方法を採用してしまうのです。やろうとしていることの性質は同じで、同じやり方で、同じ筋目にそって身につけていけばよい

ことのはずなのに。

　特別な信念など持ちだすまでもなく、こういう議論はあたりまえのこととして納得されています。ことさらに説明しようとする人がいなかったまでのことです。子どもの毎日の姿を見れば、すぐにわかることですから。

　とはいえ、バランスをとって歩くことがもっぱらメカニックで技術的な学習の成果であるかのように見なしてしまうと、その跳ね返りとして、私たちは言語習得行為のすぐれて知的な側面を軽視することになりがちです。触知できない思考を表現するための舌と唇の微妙な運動を調整することは、紙のうえに記号をつづる手の修練と同じくらい「知的」な仕事なのではないでしょうか。書かれた文字は言語表出された思考の物質的表現でしかありません。この知的側面の過小評価ゆえに、言語習得にあたって百中百の成功を収める自然方式が、読み書きにかんしても同様に確かな効果をもたらすことが認識できなくなってしまうのです。読むことも、書くことも、言語習得の第二の段階にすぎないのに。

　もしもこの自然なやり方が書くことや言語において有効だとするならば、学校のほかの科目についてだって同じではないでしょうか?

　あれこれと「科学的」な理論を振りかざしても、この確かさを否定できるとは思えません。世界中のあらゆる段階のあらゆる学校がこぞってスコラスティックな方法を採用しているという圧倒的な事実は、たしかに私たちの再考の企てを躊躇させるものです。しかし、改革者は、あらたな発見によってもたらされる光明を拒絶する人びとの通念の壁に立ち向かうことなしには、改革者であることはできないでしょう。

どれほどの価値のものなのか、あの学校の諸準則というものは?

　しかしだね、と、学校主義者たちは大合唱をすることでしょう。どんな

学習にだって基礎となる準則というものがあってね、それを無視することは、科学の不動の成果に背を向けることなんだよ。科学はそうした成果を実験的に確定してくれているのだ。経験主義の危険性は、君も知ってのとおりだが。
　ところで、その「科学的」な学習方法というのは、まずいくつかの部分を分解し、ばらばらにして、しかる後にメカニズムを確かなやり方で方法的に再構成するというものです。読み書きにおいても、単純な要素から出発して、それらを方法的に組み合わせて語や句に到達するのが論理的で科学的ということになります。文章を書くなどという大それた作業にとりかかるまえに、必須事項としての文法規則や正書法を知ること、複雑で生彩に富んだデッサンや絵を描くためには、直線、角度、遠近法、配色などの手ほどきをまず受けることが必要だというのです。
　生というのはなんとも複雑な機構なのに、それをカムと歯車だけで動いている機械のようなものと思いこんでしまうのが、こうした学校的科学の重大な間違いなのです。
　私たちはカムと歯車の原理が虚偽だと言っているわけではありません。それどころか、私たちも研究の過程では、大いにそれを参考にしています。しかし、カムと歯車の原理、機械学の法則を盾にとって、生がもっと複雑で、もっともっと進化したもので、科学のどんな驚異的な発見も生の複雑さのまえでは稚拙なお稽古ごとと化してしまうことを忘れてはなりません。エレクトロニクスの粋であるサイバネティック装置を、人間の複雑な行動、その動因であり所産でもある思考とくらべてみれば、ことは簡単に理解できるでしょう。
　ですから生の法則は、かならずしも機械学、化学、物理学、エレクトロニクス等々の科学の法則ではないのです。いつの日にか人は生の法則を発見することでしょうが、それまでのあいだ、私たちは科学的偏見に惑わされることなく、良識(bon sens)を最高度に駆使して、人間という機械を効

果的に使っていかなければならないのです。

　伝統的な先入見を再考することの必要性を読者のみなさんにいささかなりとも感じていただき、素直な心で「生」の求めるところに従っていただくために——しかし、たえず疑い、たえず経験に開かれた精神とともに、ではありますが——私たちはここで問題のいくつかの側面に着目しておきたいと思います。どのひとつも今日の科学の狭小で断片的な知見ではどうにも手に負えない問題です。

　機械学はあなたの自転車を分解し、また組み立てて、その仕組みを理解することを可能にします。知らない秘密なんぞ、もうひとつもありません。平衡の法則をある定式にして認識することさえもできます。それでも、あなたが駆けだしの自転車乗りである場合、漕いだ車輪を溝のなかに突っこんでしまう可能性は大いにありでしょう。バランスをとるという必要不可欠な能力は、理屈やテクニカルな説明で得られるものではなく、実験的模索という必要不可欠な経験によって、はじめて身につくものです。鍛冶屋は鍛冶仕事をすることで鍛冶屋になります。自転車のバランスがとれるようになるのは、自転車に乗ることによってです。

　学校では相変わらず旧態依然の授業が行なわれていることが多く、たとえば、鶏のことを勉強するときでも、方法的に鶏の知識を積み重ねるというやり方が採用されています。自転車の場合と同じで、こんなやり方では複雑な生の運動に迫ることはできません。授業で取りあげられるのは動かない鶏——場合によっては鶏の屍骸——ということになるでしょう。そのほうが嘴、舌、脚、羽などを容易に検証できますから。

　ところが、子どもが現実に見ているのは生きて動いている鶏で、それを見ながら子どもは、鶏のひとつひとつの特徴について、知識を得ていくわけです。こういう生きた知識こそが肝心なものです。

　最近の心理学や教育学は、とくにドクロリイ博士の労作以後その傾向が顕著になっているのですが、全体化する能力の重要さを強調するようにな

っています。全員とはいわぬまでも、大部分の子どもたちは細部を識別する以前にまずは全体を見ているのであって、個々の細部を精査するのは普通は認識の第二段階においてでしかないというのです。今日では合理的・科学的な読み方教育のあり方として、言語の構成要素からではなく、複合的な総体から出発して行なうという考え方が公的機関のあいだですら認められています。個々の要素の識別はかならずしも必須ではないというのです。

　子どもは全速力で走り去る自動車をひと目見るだけで、その車種の特徴を言い当てるものです。方法的な技術知識をどんなに溜めこんでも、この確かさには及ばない。

　初期段階の学習(apprentissage)は実験的模索によって達成されるのであって、あれこれの準則は役に立たないのです。無用のものを闇雲に学習過程に突っこめば、無用にとどまらず有害になりかねません。

　こんな主張が教育者たちの学校論理と真っ向から対立するものであることは、私もよく承知しています。自分たちの仕事の存在理由をもっぱらこれらの準則を教えることに求める教育実践観を、教師たちは叩きこまれてしまっているのです。

　だから、私はまずなによりも良識(bon sens)を語りましょう。

　　＊機械学だの力学だのを勉強することで自転車乗りが自転車を乗りこなすようになると、あなたは思いますか？　いちばん上手で、いちばん老練な自転車選手は、理論家なんかじゃなくて、ただ熱心で優秀な実践者ではないでしょうか？

　答えはわざわざ言うまでもありません。なまじ余計な前知識があると自転車の上達がかえって妨げられるのではないかと、そんな自問さえ湧いて出るかもしれません。

＊発音の規則、音声理論と接語法を子どもに教えると、より早く、より能弁に話せるようになりますか？　これらの知識と言語習得とのあいだには、なにかの関係があるのでしょうか？　言語使用の技術的な問題に子どもの注意を促すことで、大胆に模索する子どもの自信をかえって失わせる惧れはないでしょうか？
＊不器用な模索はときどき中断させて、なにか特別な学科訓練を課したほうが、子どもはよりよく、より早く進歩すると、そんなふうにあなたは思いますか？

　私たちが『もしも文法が無用なら』という小冊子を刊行したときは、轟々たる非難が教育者諸君から寄せられたものでした。
　ほんの一瞬でよい、読者は学校的偏見の鎧を脱いで、学校以外の場で読み書き言語を習得し使っている自分たちの姿を、そのありように則して客観的に眺めてほしい。
　幼児教育や小学校低学年段階での文法教育が言語学習にとって、控えめに言っても無用のものであることは明白です。生徒たち、そしてあなたの周辺の大人たちを見回しても、文法の規則なんて、みんなすっかり忘れてしまっているではありませんか。学校であんなに組織的に教わっているはずなのに。
　文法規則の知識がどうしても必要不可欠なのだとしたら、当然、くだんの生徒たち・大人たちは、正しくフランス語を書くことはできないはずです。ところがどうでしょう。文法規則の知識の有無と、正しく言語を使うこととは、なんの関わりもない。機械学の法則の知識と自転車に乗れることとが、なんの関係もないのと、それは同じです。
　そこであなたは私と同じ結論に到達するのではないでしょうか。文法規則なんてなにひとつ知らなくても、私たちはフランス語をたいへん正しく、生き生きと、優雅に書くことができる。正書法の規則なんてまったく知ら

なくても、誤りなく文章を書くことができている、と。

　どうぞ、あなたの同僚たちに、幼児クラス・低学年クラスの先生たちにたずねてみてください。学校で勉強した文法規則や正書法をどれくらい覚えているか、手紙を書いたりするときに、どれくらいそれを念頭に置いているかと。

　とりあえず、私自身のことを言いましょう。私は文法の規則も正書法もほとんど知りません。フランス語を書くときに私が思い起こすのはそんなものではなくて、自分の長い経験、ただそれだけです。それでも私のフランス語は少なくとも相手に通じてはいると思われます。私がこのようにして規則も知らずに文章を書いているとすれば、世の多くの子どもたち、大人たちだって、やはり同じようにしていることは明白ではありますまいか。

　ここで問題にしているのは、高度な文化総体のなかでの文法教育の意義だの価値だのではありません。私たちはただ実際的な観点で、入門期の段階ではそんな教育は必要不可欠でもなければ有用でもないと言っているのです。それは書き方を正しく学ぶうえでの必須条件(sine qua non)ではないのです。

　自分自身の経験をふり返ってみても、あたりまえの生活感覚(bon sens)に照らして考えても、文法規則や統辞法、語句の構成等々から始めて書き方を教えるのではなく、生きたまるごとの経験のなかでの学びに依拠するほうがずっと正常でずっと効果的である、という結論が導きだされます。私たちが自然方式をとおして実現しようとしているものは、まさにそれなのです。

学びには学びの階梯がある?

　しかし、と、問われるかもしれません。どんな学習[訳注2]でも、段階を踏んだ学習は不可欠ではないのかね、と。ドボンと水に飛びこめば、泳げ

るようになるというわけじゃない。今日このごろの生活条件は、もはや自然からは遠いもので、ある種の人間の本能はもう正常にはたらかなくなっているのだから、むやみに飛び越んだら水に溺れかねない。

　そう、修行型学習の必要性ということでは、私たちも大賛成。ただ、そのやり方なのです、私たちが批判したいのは。段階を踏んでいくということも、大いに望ましい。しかし、それはかならずしも学校が取り決めて課しているようなものではない。

　もし教師諸君が話す訓練を子どもにほどこすことになったら、その原則はお馴染みのごときものです。単音から出発して、b という子音から ba という音節に進んでいく、そういう不動の論理に裏づけられた伝統的手順があると仮定してしまうのです。ところが、実際は私たちが知ってのとおりで、子どもは生活に根ざしたまったく別な原理にもとづいて話すすべを磨いていきます。こうと思った行動をうまくやっていくためにその言葉が必要だとなったら、子どもはどんな難しい語彙にだって尻ごみはしません。子どもはかならずしも単純な要素から出発するわけではなく、逆に複雑かもしれないけれど、生きた言葉に一挙に飛びついていくこともあるのです。子どもが話し方を身につけるときの学びの順序は、私たちが明らかにしようとしている学びの筋道、実験的模索という大原則に立脚しているのです。

　自然方式にも学びの順序というものはあります。しかし、それは子どもの必要（besoin）に間尺を合わせた順序なのです。一方で身体的な、もう一方で技術的な可能性にしたがって、それは階列化されています。

　もっとも、この階列化は伝統的な方法が行なっているあの恣意的な順序だてにくらべると、はるかに緩やかなかたちのものです。それを数学的に記号化したり方程式で表わしたりするのは困難でしょう。しかし、私たちのだれもが、教科書の、とりわけ読み方教科書の、あの仰々しく配列され

［訳注2］apprentissage：狭義には徒弟修業もしくは実地訓練のこと

た〈課〉の区分なるものがどういうものであるかを経験的に知っています。

　何度か引きあいに出した例をまた持ちだしますが、自転車の仕組みを知識としてこつこつと学んでいった子どもたちは、ボルトの留め方も、歯車の調整の仕方も、みんな知っていて、学校の成績簿を見た親たちは鼻高々かもしれませんが、でも、この知識のおかげで子どもが自転車に乗れるようになるわけではありません。

　この機械的な訓練、整然と順序だてられた誤教育を受けた生徒は、40年まえの兵士たちにも似て、自分がなんとも心もとない状況に立たされていることに気づくのです。兵士はレーベル銃のいろいろな部分と、銃を撃つ手順一式を暗記させられます。肩にかけて、それから狙って、それから引き金を引いて。この手順一式を当時のシャンソニエの芸人たちはお笑いのネタとして大いにもて囃したものです。銃や動作の名称だけは覚えるのだけれど、ちゃんと狙いをつけることも、撃つこともできない兵士。百回念仏、南無阿弥陀仏というわけです。

　この学校的慣行のゆゆしい誤りは、あれこれのメカニズムを細分化したり組み立てたりした挙げ句に、肝心要のもの、すなわち生をどこかに置き忘れている、ということです。

　私たちが四六時中、伝統的方法の重大な欠陥につきあわされているのは、そのためなのです。この方法で読み書きを学んだ子どもは、たしかに個々の綴りを教えられたように綴って、示された語句を誤りなく――しばしばたどたどしく、ですが――読みあげることができるようになります。しかし、この読んだ文面と、そこに書かれている思想、事実、出来事を結びつけることをしないのです。機械的な読みが意味理解とは無関係に行なわれるというこの構図は、まさに自転車の機械学と実際に自転車を走らせることとの乖離と同断です。子どもは文字面は読めるけれども、言葉と思想を繋げているわけではありませんから、読めているとはいえない。断絶が生じ、この断絶はしばしば決定的なものになっています。このことは、現代

の重大な病弊のひとつである文化解体の根因にもなっています。私たちはのちほど、自然方式においては読むことと書くことは同じ表現行為の一部であることを示したいと思っています。言語への習熟こそは、その第一歩となるものなのです。

　伝統的方法で手ほどきを受けた子どものテキストの読み方は機械的です。彼にとっては読むことと理解することは、別々なときに行なう別々な行為なのです。子どもが考えもせずに言葉を操るようになれば、学校は鼻高々です。その結果、教育ママはすっかり不安になってわが子に言葉の棒暗記をさせたがり、表現の工夫なんてそっちのけ、型どおりに言葉を並べ立てさせては安心しているのですが、そうした能力の歪みは通常なら学習遅進や発達不全の兆候として深刻視されるものです。もっとも学校は、そんなこと、考えようともしませんが。

　伝統的方法の弊害をるる述べてきましたが——私たちの主張はおそらくご理解いただけるものと思います——それに代わる新しいやり方が必要です。新しい文化を反映する、新しい原理に立脚したやり方が。

言葉を訓練するときも、子どもの手探り模索は避けたほうがよいのでは？

　しかし、と、こういう反問をする人がいるかもしれません。
　実生活で必要とされる複雑な問題にいきなり子どもを取り組ませてしまったら、間に合わせの解決をしておきながら、それを成功と誤解してしまう子どもたちが出てくるのではないか、そうなるとかえって将来的に学習をやりにくくするのではないか、と。
　難しい語を間違って発音してしまったとして、それが癖になってしまうと、あとあとでの矯正は困難なのではないか？　自分の語彙を本人まかせに自由に書かせたら、当然、おかしな書き方になって、アタマにこびりつ

いてしまったその悪癖が終始学業を妨げることになるのではないか？　書くまえに、子どもはやはり、正書法のしっかりとした基礎知識を学ぶべきなのではないか？　読むまえに、フランス語の発音規則や使う語彙をアタマに刻みこんでおくべきではないのか？

言いかえれば、読み書きするまえに、子どもは読み書きを教えられなければならないのではないか？

こういう学校的な問題の立て方は、見かけとは裏腹に全然見当はずれなものでありまして、そのことをもう少し示しておきたいと思います。

私たちの基本テーゼに従って、ここでも私たちはみなさんの常識(bon sens)に訴えることにします。

教師諸君よ。もしも母親がこんなことを言いだしたら、いったいどういうことになるでしょうか。「はいはいなんかさせたら、子どもはそれに慣れっこになって、足で歩行できなくなってしまう」「勝手によちよち歩きをさせてはいけない。ここでのつまずきが一生涯のハンディキャップになるから」「はじめに不正確な言い方をさせてはいけない。子どもがまず正しく話すことができるようになってから、話してもよいという許可を与えなければいけない」。

立って歩くまでは、躊躇わずに足を踏みだすことができるようになるまでは、立派に話せるようになるまでは、なにもかもいけない！——しかし、手探り模索はいけない、勝手にやってはいけない、間違えて、またやり直すのもだめとなったら、どうやって目標に到達したらよいのでしょうか？　学習から、あれこれと模索することを省いてしまったら、そして歩くことができるようになったときに、はじめて歩くことを許すとしたら！

もっとも教育者諸氏の危惧はまったく根拠のない危惧ではないのです。型にはまった学校で学ぶ子どもは、自己成就に向けての自然で持続的なモティベーションを失ってしまっているからです。その結果、兵営の新兵さんと同じで、簡単な動作に執着するようになっているのです。意味も結果

もお構いなし、ぜんまい仕掛けのように決まった操作をくり返すのです。こういう状況のなかで生きる弾みを奪われた生徒たちが、初歩の教則をおしゃべり人形のように唱えつづける異様な風景が現出するのはあたりまえです。彼らは超克への意志をもはや喪失しているのです。

　生徒たちのこの足踏み風景を見ていると、教育者はなんとも心もとない気分になるものです。当然のことながら、対策はないかと首を捻る。

　しかし、この足踏み風景はまことに学校に固有な現象なのであって、生活のなかではけっしてお目にかかることのないものです。

　どんなに発達の遅れた子でも、いつまでもはいはいしている子どもなんて見たことがありませんし、赤ちゃん言葉のままの若者も見かけません。

　学校外での振るまいと同じ動機づけにもとづいて学校での勉強が行なわれていれば、どの子もたえず向上しようとする内的な欲求に衝きうごかされ、自分も経験を積んで技量を高め、より効果的に実生活の問題に対処できるようになりたいと思うようになるでしょう。生命の力を高めるというこのモティベーション、自然に根ざしたこの欲求こそが、かの至高なる実験的模索を下支えしているのです。しかし、この生の発展を求める意欲や欲求が抑圧される場合には、言うまでもないことですが実験的模索の全メカニズムがひずみをこうむることになります。そこで私たちが弥縫策（びほう）にすぎないと批判してきたさまざまな人工的方法をひねり出して、その穴埋めをしなければならなくなるわけです。

　私たちの教育学が、実験的模索のはたらきと子どもの内的要求に根ざした、生きた教育学となるならば、学校の生徒たちが、現実から遊離した言語規則や正書法でさんざんに悩まされる姿をもはや見ずにすむことになるでしょう。最初はよちよち歩きの子どもたちが、だんだんに技を磨いて進歩していくのです。話すこと、書くこと、理科、算数、デッサンでも絵でも音楽でも、人間文化のあらゆる領域で、子どもたちはめきめきと力をつけていくのです。

この生の発動力(motivation vitale)への着目こそが、私たちのテクニックの最大の新しさです。これがなければ自然方式などというものもありえません。それは有機体に注がれ、生命のドラマを呼びおこしていく鮮血なのです。

　伝統的な学校が言い募っている懸念や原理原則は、そうした学校のあり方の下では正当なものですが、現代学校には通じないものです。もちろん、現代学校にも現代学校なりの、容易ならぬ問題がいろいろとあります。前者とは性質も射程も異なる問題ではありますが。

自然方式は伝統的なそれにくらべて進度が遅いのではないか？
全体的に、そしてとりわけ読み書きの領域において

　これは正しい指摘です。少なくとも、そう見えることがあります。でも私たちは、そこでもまた、比較できないものを比較する危険を冒しています。

　子どもは a, e, i, o, u を学んで、つぎにこれらの母音を子音 p, t, r, s と組み合わせて単音節をつくり、さらにそれらをつなげて多音節の語にしていきます。しかし、彼らが手がけているのはまことに機械的な作業で、言語の表現や理解とは無関係、関係していたとしてもそれはきわめて迂遠なものです。それは自転車を組み立てたり、分解することに終始して自転車を走らせることを学ばなかった子どものようなもの。おそらく彼はいつの日にか苦い思いで悟ることになるでしょう。自転車を分解することと、自転車に乗ること。そうだ、そのふたつを、俺はまったく別なことと勘違いしていたのだ、と。

　本をまえにして、あるいは雑誌のページを開いて、伝統的な方法で読み方を習っている子どもを観察してごらんなさい。彼は大汗をかいて、ひと

つひとつの単語をたどり、四苦八苦でそれを文に組み立てています。はい、作業は首尾よく完成。子どもはトチることもなく、正しく文を読みあげます。しかし、試みに読んだ文の意味をたずねてごらんなさい。子どもは読んだ文章をもう一度読みかえして、その意味を理解しなければならないでしょう。一度目は、ただ判読のために読んだだけですから。二度の作業が必要なのです。一回目は字面の読み、そのつぎに意味理解。しかし、子どもは字面が読めれば意味などわからなくてもそれでよいと考えます。そして、それを「読む」と称するのです。

　これを些細な欠陥と思ってはなりません。読みと思考の分裂は命取りになりかねません。この欠陥ゆえに、私たちの社会には新手の非識字者が生みだされています。これをなんと名づけたらよいのか、まだ適当な呼び方は発明されていませんが。子ども、若者、大人たち、文字は読めるけれども、読んだ文字の意味が皆目わからないと言う人たちがなんと多いことか。

　自然方式は、読むことと書くことを、まずなによりも書かれた記号を媒介にした表現とコミュニケーションであると考えます。書き言葉の仕組みをまだ十分には習得していない段階でも、それはそれなりに表現であり、コミュニケーションなのです。大事なことは記号をとおして、その記号が表現している思想や事柄を読み解き、理解することです。実験的模索の過程で全体に着目するか、部分に着目するか、あるいはその両方を同時に心がけるかは、個々のケースと、多分にその人の気質次第。要は自転車に乗れるということです。アイウエオが考慮の対象になるとすれば、それは単語や音節を発音できない幼児の場合のように、はじめの一歩を踏みだすことがまだ著しく困難な場合にかぎられるでしょう。しかし、そんな幼児でも、自分の周りの生きものたちを——そこには動物や花たちも含まれています——理解し、またそれらにみずからを理解させることで、自分の権力を高め、証しだてようと努力するものです。

　伝統的教育学の誤りは、子どもは言語技術をマスターするまでは話すこ

とができないと考えていることです。実際にはまだそんな技術を身につける以前から、幼児は自分のことを人にわからせています。彼の知っているのは4つか5つの片言で、それもたしかにひどく訛ったものです。たった3つの言葉ですべての用を足してしまうこともあります。それでも子どもは、それらの片言を使ってじつに巧みに、そして正確に言いたいことを伝えてしまうのです。それは親たちを幸福で誇らしい思いにさせてくれる驚きです。

　自然方式をもちいた場合、子どもは言語の仕組みを知るはるか以前から読んだり、書いたりさえもします。彼は別な回路をくぐって読むという行為に接近するからです。回路は官能や直観、周囲の人びとの情愛であったりします。それは後々、学校生活にも波及してそれを照らし、活性化します。

　このように読み書き能力の概念もその形成プロセスも、けっして一様のものではないのですから、言語規則をどれだけ早く身につけるかなどという問題は、読み書き教育全体のなかのさして重要ともいえない一問題にすぎないことがわかってきます。

　要するに、なにを比較し、なにを測定しようとしているのか、ということで、すべてはまったく違ってくるのです。視学官が、意味とは無関係に字面を読ませる教育を望んでいるとしましょう。決まり文句を並べ立てたお話を教えられたとおりに棒読みする能力を、子どもたちに求めているとします。とどのつまり、彼は伝統的学校の生徒と自然なやり方で勉強した子どもとのあいだに重大な落差が生じていることを見せつけられることになるでしょう。前者はもっぱら受動的に語句を読むことになります。理解しようとはしないで、ただ文字をたどるでしょう。だって、それ以上に理解すべきことなどあるのかいな、というわけです。子どもは機械的に文字を読むことはできるようになるでしょうが、それがたいへん危険なものであることはすでに申しあげたとおりです。

現代学校の生徒はまず記号がなにを意味しているかを理解しようとします。彼にとって、彼の生の建設にとって、問題は意味なのですから。彼はテキストの全体に探りを入れ、それまでの経験で覚えた技術的知識を応用し、それを意味理解の道しるべとして活用します。おそらくスペルを間違えることはあるでしょう——そんなことなら、ざらに起こりうることです——その点では、伝統的学校の生徒に引けを取るかもしれません。しかし、現代学校の子どもは、機械的にではなく、言うなれば〈知的〉なやり方でテキストを読むことができるでしょう。

　知的な子どものまえにさし出されたテキストが、たとえば大方の練習帳がそうであるように、意味を欠いた非常識な文章である場合、子どもはそっぽを向いてしまって、まったく読もうとしません。当然のことながら彼には不自然に思えてならない、意味のないアタマの体操に唯々諾々と従うわけにはいかないからです。

　ですから、もし現代学校の生徒に機械的な読みを課したら、学業の遅れという診断を下すことになりかねません。しかし、伝統的学校の子どもの知的読み能力を測定することになったら、〈文化〉的な遅れはさらに明瞭なものになるでしょう。

　すでにおわかりのように、どちらの観点に立つのか、〈機械的な読みにか、知的な読みにか〉で、話は全然変わってくるのです。

　残念ながら機械的な勉強成果の検定ならばお手軽にできますし、いまの教室のなかではそれが実際的でもありますが、子どもたちが文章を知的に読む能力を身につけていること、テクニックはいまのところまだ十分に習得していないが、年を追って身についていくこと、そんなことを親たちに説明するのは簡単なことではありません。誤ったやり方が私たちの共有経験のなかにすっかり根づいてしまっているために、今日の学校ではこの古い教育のかたちが真の文化を背後に追いやっていて、自然方式の優越性をだれにでも納得してもらうのはなかなかもって困難です。実際、過渡期の

時代には、古いかたちに不当な敬意を払わざるをえないこともあります。とはいえ私たちは、今日の生徒さんたちが明日の親となる日を期しているのです。彼らは、わが子にこう言い聞かせるでしょう。「母さんはこんなふうにして、読み方を学んだ。話すことを覚えたときと同じで、生きて、仕事して、気づかないうちに学んでいたのよ」。

　この主張が世間に広く理解されるようになる（そうするために努力しているわけですが）その手前の段階でも、私たちは新しいやり方を一部でも教室で活かすようにすべきでしょう。いまのいまでも応用できる、強い説得力をもった実践がすでに数多く蓄積されていて、それらは以下のことを証明してくれています。

　　＊自然方式で子どもは読めるようになる。特別なレッスンだとか、あのｂａｂａに依拠することなく、生きた学校生活や社会生活をとおして、印刷機、学校間通信、デッサン、その他あらゆるかたちの表現活動に助けられ、刺激されて、彼らは読み書きを身につけていく。教師にとっても生徒にとってもうんざりな、あの気だるい暗唱の授業はもう要らない。思い切り早くから自分の考えを書いて印刷することを覚えてしまった子どもに、読み書きにたいする無力感などというものはない。
　　＊子どもが自分のペースで進んでいくのは、自然に言語を習得するときとまったく同じだ。ある子のリズムはひじょうに早いが、別な子はもっとゆったりだ。しかし、自然方式に従えば、遅速はあってもすべての子どもが話すようになる。私たちは同じように断言することができる。この方式に依拠すればどんな子も、遅かれ早かれかならず読み書きができるようになる、と。

　強い説得力をもった実践──しかも広く行なわれている実践──の結果、

今日では以下のことが決定的に立証されています。すなわち、機械的な読み能力の多少の遅れがあるとしても、文字を読む行為と生活行動とが緊密に統合されているかぎり、それは重大な弊害とはなりえない。子どもは道具を研ぎ終わってから、それを使うのではありません。研ぎながら使っていくのです。使いながらそれを調整するのです。

　だから、私たちは回避します。

　　＊しばしば消えがたいものとなる難読症の症候。最近ではこれが流行の研究テーマになっているようですが、技術と生活が大きく乖離する結果、よく発生するものです。
　　＊機械・道具が文化との結びつきを失うことによって生まれる神経症と人格の解体。

　現代的な教育方法の探索をとおして、私たちは真の文化に備えます。それは、個人の、そして社会の豊かさにつながっていくような、道具や機械の領有の仕方、ということでしょう。学校は、子どもが自由に使えるような仕方で、それを手渡していかなければなりません。
　それらのすべてを勘案しますと、そしてそれが重要なのですが、自然方式は、技術的にも人間的にも、伝統的方式にくらべてあらゆる面で長じたものといえます。

2 深く痕跡をとどめる文化

　私たちが子どもに行なう教育は、彼の生に深い痕跡を残すものでなければなりません。そうでないなら、それはメタルの表面に塗られた薄手のワニスにすぎず、人はそんなものはテンから無視して、この金属をこねくりあげ、鍛造して、各人の将来を決定づける印章とかたちをそこに勝手に付与することになるでしょう。

　とりあえず、経験的な事実のいくつかを拾いあげてみましょう。子ども時代に大好きだった料理の味や旨さを、私たちは生涯にわたって覚えているものです。それは家族の、あるいは生まれ育った地域社会の行動様式に、襞深く刻まれた微妙な細部とつねに密接に結びついているからです。そういえば私たちは母語もけっして忘れません。これもまた、もっぱら自然な方法で習得したものです。わが国の田舎言葉と同様に、そうと示すことのできる規則なんて、ひとつとしてありはしないのですが。学校方式で勉強した付帯的な言語は使わなければすぐに消えてしまうものなのに、ものごころがつき始めた幼いころの思い出と一体化した方言のイントネーションや発音は、歳月に抗して生き残っていくのです。学校教育だって、同じ深さで、私たちの行動にその痕をとどめることができるはずです。もしも教育が私たちの生の深層と繋がり、その切実な要求に応えるものであるときに、その深度に応じて影響もまた持続的なものとなるのです。切実な要求のなかには、もちろん文化の要求も含まれています。よく言うではありませんか。受験勉強や学科テストのために頭に詰めこんだ知識は右の耳から入って左に抜ける、と。──幸いにして、と言ってよい場合がしばしばな

のですが!

　私たちがそれにどんなレッテルを貼ろうが、学校が一人ひとりの子どもの肉体と血、その精神と生命という確かな土壌のうえに組みあげられたものであるときに、それに応じて学校はより底深い影響力を持つことができるのです。

　間違えないでいただきたい。学校的慣行のどうしようもない無味乾燥さに、教師がたとえ部分的にではあれ修正をほどこそうとしているのは、彼らがなんらかの方法に訴えながら学校の先生としての役割を保持しようとしているからなのです。彼らは「修正をほどこし」ています。修正をほどこそうとすると、必然的に、支配的な流れに逆らうことになってしまうのです。私たちのテクニックが緩和し、できたら沈静したいと考えているその流れから、反れることになってしまうのです。

　私たちは自然な方法をとおして、この確かな基盤に触れています。学校はこの生きた土壌のうえに礎を据えます。学校の全教科にこの生気が力強く循環する日、それは文化の本源的で比類なき要素となり、他のすべての学習活動を促し活性化する基地となるでしょう。

自然方式と方法的学習

　このように教育の方法的な基盤を根本から考えなおす必要があり、擬似科学的な機械力学を生命の論理にとって代えることが不可欠なのですが、それは、ともするとそう誤解されやすいのですが、すべての方法的な学習を排除するということではないのです。

　子どもが手探り実験で水路を飛び越えるとき、あらかじめこうと定められた方法があるわけではなく、足の位置はここ、手の動かし方はこうと、とくに習ったわけでもありません。ちゃんと教えておけば手探り実験を縮小して、もっと成功を早めることだってできるのではないかと、そんなふ

うに言われるかもしれません。しかし、同時に、将来の大成功にとって不可欠な一連の練習も、それと一緒に切り詰めてしまっているのかもしれないのです。

　おまけに経験の巾と奥行きを縮めていこうとするこの科学的配慮の底には、子どもの性質についての過てる観念と、経済性という概念がはたらいていて、この経済性の名において、必要な努力をできるだけ少なくすることがすなわち合理化であると考えられるようになっていったのです。何度も何度も手探り模索をくり返してようやく立って歩けるようになるのが子どもの普通のやり方ですが、そんな手だてには頼らずに、合理的に教えて歩けるようになるとすれば、理論的にはずいぶんと時間が節約されることになるでしょう。しかし、おかげさまで子どもの経験の、努力の、勝利と失敗の、その貴重な感触のすべてはどこかに霧消して、多様な経験を経て人間が自己を調和的に形成していく道筋を、ひどく矮小なものとして思い描くことになってしまうのです。今日の都市生活者はメトロやバスで、あるいは車で移動することが習慣になっていますが、それでも、ときには自然に回帰したいという欲求を感じているようで、ひどい場合は地面にごろんと横になったり、泉の水を飲んだり、這ったり、よじ登ったり、飛んだりして喜んでいる始末です。どれも自然方式で育ったガキどもがいつもやっていたこと、からだがそれを求めてやっていたエクササイズです。

　動作、手探り模索、練習の、節約だの経済だのは、こと教育にかんするかぎり、かならずしも節約にも経済的にもならないのです。科学主義者たちは生活のテクニックを習得するうえで不可欠な自然で真っ当なプロセスをしばしばエネルギーの浪費などと呼んでくさしています。だが、人間のなかでもっとも有能な人間とは、結局のところ、そのエネルギーの浪費なるものをもっとも惜しまずにやってのける者、性懲りもなく歩き、走り、だれよりも粘り強く実験する、そんな連中なのではないでしょうか。動きを出し惜しむ人間とは、つまりはリハビリが必要な病人です。

もしも教育の合理化について語るならば、こうしたことをしかと頭に入れておくべきでしょう。子どもは動機がちゃんとしていれば、労苦や努力を惜しんだりはしません。子どもをいじけた顔にさせてしまっているのは、間違いなく「学校」であり、一部の親たちなのです。子どは本来そんなじゃないはずなのに、無気力で、まるで怪物めいた子どもたち、生きること、生活を構築することをすっかり諦めてしまった生徒たちを、それは生産しています。

　あれこれと工夫を重ねて、子どもはとうとう水路を飛び越えてしまいます。へへ、どんなもんだい！　だが、一回目の上首尾だけでは彼はまだ物足りないのです。同じやり方を二度三度とくり返して方法を確かめ、それを自動的な身のこなしにまでしていくのですが、そのようなスキルの高まりがつぎなる制覇に踏みだすための足場になっていくわけです。

　学校の教科の学習でも、それは同じです。子どもは素敵な文章を書いて、それが印刷に付されます。自然な方法によって生みだされた果実。大事な橋が架けられたのです。機能的な必要性が、この成功によって満たされたのです。子どもはこの最初の成功を自動化して、みずからのスキルにしていかなければなりません。そのための「練習」(エクササイズ)が必要になります。「自由テクスト」ほどに気をそそる代物ではありませんが、それでも新しい成功を視野に入れて基礎的なテクニックを固めていくという行為の目的性ははっきりしています。水路を飛び越えようとする子どものように、私たちの生徒は、作家たちの文章を読み、詩を筆写し、練習カードをおさらいします。そのようにして、彼らは文法や統辞法のテクニックに磨きをかけていくことになります。伝統的な雰囲気のなかで同じ作業をしたら、さだめしいやいやながらの「課業」になっていくことでしょうが、生活と直結した建設的な空気のなかでそれを行なうと、同じ作業が一転して有益で活気溢れるものとなるのです。

　体罰のかたちでチロリアンザックを背負って校庭を走れと子どもに命じ

たら、たとえ荷を軽くしても、子どもは苦しげに喘ぎ、恨みがましく悲鳴をあげて走り回ることになるでしょう。

　さあ、遠足だよというときに同じザックを背にかけた男の子は、凛々しく肩紐なんぞを結び、男の甲斐性を誇示するかのように、はやり立って出かけていくものです。前途にはきっと難路が待っていることでしょう。身体的な苦痛は、罰で校庭を走るときよりもずっと大きなものになるに違いありません。肩や足には、擦り傷や肉刺（まめ）ができてしまうかもしれません。でも、そんなことはなんのその。彼らは心得ているのです。ぼくらはこれから人生の困難に立ち向かって勝利を証するのである、あの勇壮な山男たちの仲間入りをするのである、と。

　教育においてなによりも決定的なのは、この雰囲気の変化です。私たちは自然方式をもちいることによって、それを自動的に実現してしまったのですが、しかし、それは努力や方法的なエクササイズ、秩序や規律と矛盾するものではありません。それは反対に

　　＊生活と結びついた、それそのものが生きる力となる努力
　　＊成功したテクニックを確かなものとして定着するエクササイズ
　　＊生の諸困難に打ち勝つ大切な要素としての秩序と規律

への道を調えるものなのです。

ボンサンスと生きる力として機能する学びの方法

　私たちの理屈を聞かされても、みなさんがたはおそらく首を傾げるだけでしょうし、それは私たちも無理からぬことだと思っています。

　本書の後半部分では主としてテクニックと実践を述べています。みなさんがたにとっては、きっとこちらのほうが説得的であろうかと思います。

私たちの現代学校の風景はいつ見ていただいてもこの上なく印象的なものですから、みなさんがたの精神にもきっとなにかの波紋を呼びおこすことでしょう。それは、あなたの教員としての自己形成の途上でも、またあなたの文化のなかでも、けっして呼びおこされることのなかった波紋なのです。

　二輪車のうえでバランスをとって走れると、大言壮語する奴に出くわしたときの、あなたの曾祖父母の怪訝な顔を想像してみてください。そういう本人だって自分のテクニックにそれほどの確信は持てず、draisienne[訳注3]のうえに跨り、地面に下ろした両足を支えにして車を回している始末なのです。ヘンなことをしでかす奴を、あれこれと理屈を並べてこき下ろす科学的な人士にもこと欠きません。自転車に乗って矢のように走るなんて、彼らにとっては前例のない、くそ面白くもない話なのです。

　私は思うのですが、自転車に乗るという前代未聞の試みをもっとも熱狂的に迎えいれたのは決まって子どもたちだったのではないでしょうか。彼らの生命はいまだ疲れを知らぬ生命であり、彼らの未来とは未踏の闇の同義語であるからです。グランBに喝采するのも、トゥール・ドゥ・フランスの沿道に人垣をつくるのも、いつも決まって子どもたちでした。批判にも妨害にも頓着することなく、現代学校のテクニックに躊躇なく飛びついて、その成功を確固たるものにしていくのも、これもまた子どもたちです。

　しかし、自転車の発明と発達は、それに先行するいくつかの技術的な達成を前提にして得られたものでした。たとえば、軽量の骨組みと車輪、歯車とそれに連動するチェーン、ゴムタイヤ、空気入れとチューブなどです。

　現代学校の成功と発展も、新しい数かずのテクニックの実現を前提にして得られたものです。「学校印刷機」「学校新聞」「学校間通信」「自己修正カード」「学習活動文庫」「科学学習材」「配色パレット」などなどです。

　　　[訳注3]ドライジーネ。足蹴り式木製自転車

こうした素材を子どもや教師が自由に使いこなしていくようになったことの必然的な結果として、自然方式はしだいに地歩を確立するようになりました。お嬢様競争(昔は自転車をそう呼んでいました)はますます急速に人気を高めているようですが、それと同じです。
　実践者がある道具やテクニックを使って果敢に生命のリズムと響きあう実践を行なったときに、教育学や心理学はその決断と飛躍を「後から」裏づけて正当化するだけです。
　一方に古き伝統、他方に現代的なものとの相互の闘争において、最終的に勝利を収めるのはボンサンスの方法、生きてはたらく力を追求する生活者の方法であることを、そしてそれがすぐれて科学的な方法であることを、私たちは確信してやみません。なぜ科学的であるかといえば、自分たちの経験から生まれたものが、そこではたえず問い返しにさらされる運命にあるからです。「われわれの進歩は、立てた目標に到達する最適な実験条件を明らかにするために、われわれが省察し、試験し、手探りで模索し、比較し結合するその行為の強度に応じてしか達成されない」(クロード・ベルナール[6])ことを、私たちは知悉しています。
　昨日の果敢さ、それが明日の真理となるでしょう。

---

[6]Claude Bernard, *Introduction à l'étude de la médecine expérimentale.*

3 バルの場合

　ひとつの実例として、娘・バルについて行なった長期の観察記録を、やや簡略化し圧縮してお目にかけましょう。

　バルは伝統的方式に触れた経験を、全然もっていません。まったく気まぐれに教室にやって来ることもありますが、炊事係のおばさんが連れてくる赤ちゃんを相手にお母さんごっこばかりしています。

　特別な授業とか練習とかは一度も受けたことがなく、方法的な訓練などというものにはまったく無縁ですが、それでもバルはあまり遅れもなくほぼ完全に思うことが書け、読むこともできるようになりました。

　このように自然に言語を習得してしまった実例は、掃いて捨てるほど多いのであって、多様な環境下で同じようなことが数多く検証されています。そんな子どもたちのなかには、一度は他のやり方で勉強したことのある子どもたちもいるのですが、かれらの先生は、私と同じように、自分たちがやってきたことを根本的に考えなおすようになったのです。

　つねに変わらない私たちの出発点は、以下のような教育的原理です。

　言葉と、それが表現する多少とも論理的な諸概念は、それが私たちの経験の所産であり拡張であるときにだけ、そして私たちの生に統合され、私たちの未来とつながるものとなるときにだけ、人間を肥やす力になるのだ、ということです。

　真の科学、私たちの力としての科学に接近するには、ひとつの方法しかありません。つましく土台から出発すること、経験的な手探り実験から始めることです。そして順次、方法的・科学的な実験的模索を進めていき、

道具や言語を少しずつ、親身に自分のものにしていくのです。言語って、もっとも素晴らしい道具ですよね。この歩みがだんだんに加速していって、最大限の品位と力を備えた固有の人格を、各人がうち立てていくことを可能にするのです。

4 子どもは自然方式で書くことと読むことを始める
ある観察ノートから

すぐれて模索的な活動としての、お絵描き

　正常に育ったすべての子と同じように、バルもからだを動かして力試しをするのが早くから大好きでした。そのからだの動きがだんだんに手足の、とくに手の、より調整された仕草に変わっていきます。手でテーブルをぐるりと一周させると、手の及ぶ範囲のものがみんな下に落っこちて綺麗になくなる。用心深く目をつぶって、手を開いて洗面器の水をパチャパチャ叩くと、なんとまあ心地よく飛沫が跳ね散ることか！　ジャムを指にたっぷりとくっつけて、机のうえ、壁のうえに、そして朝のまっさらなエプロンのうえに大きな句読点をつける！　指にインクをひたして魔法の手の一振り、大きなシミの下から、木らしきもの、人か怪物らしきもの、生き生きとした、動くものが生まれてきて、それを彼女はどんなにでも変えることができる。あの日に体験した、全身をつきぬけるような心のときめき！　実験的模索の、構成的活動の歓びのすべてがここに凝縮されています。

　私が白いページに鉛筆でものを書いていると、それを見たバル（1歳8か月）は早速に、ワタシもやってみたいという素振り。鉛筆を手に取り、なんだか引っ掻き棒でも握るような不器用な手つきで鉛筆を握って、こっちの側から引きずったけれど——おや、がっかり！　なにも描けません。反対側を引きずったら、わっ、すごい！　手を動かすとずるずると、その跡が紙のうえに残る。線は気まぐれに重なりあったり交差したり、まったく

調整なしの得手勝手です。それでもこの最初の、かたちをなさないデッサンが出発点になって、だんだんにグラフィックな表記が生まれ、それが精度を増し、花びらを開いていく様子を、私たちは目撃することになるのです。

　しかし、子どもは自分の仕事に満足してはいません。他の子どもたちが書くまえにわざとらしく鉛筆を舐めているのを見たバルは直感的に、この仕草ではないか、成功の秘密は、と考えたようです。あの子たち、そのつどおまじないのように鉛筆を舐めている。それでバルも鉛筆を舐め舐め、紙のうえにごちゃごちゃと線を引いていく。なにはともあれ、それが彼女の最初の成功作なのです。

　この線描表記(graphisme)は最初はまったくかたちをなしていませんが、少しずつ整っていき、鉛筆の握り方もある程度慣れたものになっていきます。子どもは多かれ少なかれ時間をかけてその作業に熱中し、とうとうなにかしらかたちのあるものができあがっていきます。このようにしてはじめて道具を自分のものにしたこと、それは文句なしに、ひとつの進歩であり勝利なのです。

　描きだされた線はそれぞれに違っていて、あるときは垂直な直線、かと思うと折れ線であったり、円のようであったり、うねうねとした波線であったり、あるいはそれらの組み合わせであったりします。多少とも規則的な幾何模様が重なりあって並んでいることもあります。

　子どもは実験的模索をつづけます。描線が正確になり、それがくり返し現われるようになったからといって、なにか画想のようなものが子どもの意識下ではたらいていると考えるべきではありません。この段階のおちびちゃんは、「バルは、棒を描くんだ」とか「蛇を描く」「お家を描く」といったひとり言は絶対に言いません。ただもくもくと手を動かす練習をして、描きだされた無数の描線中のいちばんのお気に入り、なんらかの理由でうまくやれたと感じているものをマークするのです。そして他よりもよいと

思うやり方を二度三度とくり返したがります。彼女が示している行動原理は、まさに実験的模索(tâtonnement expérimental)そのものです。成功した試みは再生産される。そして、あまりうまくいかなかった試みは見捨てられる。より確実で経済的な行動を選好するのは、私たちの行動のひとつの自然法則と言ってもよいでしょう。

　子どもが自分の反応を調整するのは、しかし、つねに事後的です。まず経験し、その結果に照らしてよいやり方を選んでいくのです。

　いまやバルは、成功したと感じている描線を一気に表記します。何度もやってくり返し成功して、手つきもだんだん確かなものになっています。ここでもまた〈事後的に〉、彼女は表記した描線がなにかと似ていることに気がつきます。だれかが親しげな質問で子どもを刺激し、ほんの少しだけ方向づけをすると、彼女は自分の成功作のなかに、お家が、お馬さんが、お人形さんがいることを見てとります。そのときから彼女は多かれ少なかれ無意識にではありますが、表記した描線をあるものの特徴と関係づけ、その名を口でいったりするようになります。

　2歳1か月のバルはあるかたちを描きながら、くり返し唱えます。「これ、お家だよ。バルはお家をつくっているの。ほらね、またお家!」。描くそばから、全部がお家になっていくのです。

　輪のようなものを描くこともあります。偶然か、たまたまなにかを思い起こしたのか、彼女の口からこんな言葉が飛びだします。「これ、ウアなの、ウアよ!」。そうなると彼女の描くものは、どれもウアになってしまうのです。

　2歳のバルはたっぷりと水をたたえた円い大きな池を見て、その神秘的な情景が強く心に残ったようです。家に帰るや、少しばかりととのった円をひとつ描いて、そこにぎざぎざの印影を入れました。お池です!──驚くべき偶然の戯れでこんな作品ができてしまうことに私たちは感嘆するのですが、それからしばらくは連日、バルの絵はお池の絵です。

この一要素の、いわば未分化な描線表記につづいて、ふたつの要素をもった図柄が表象されるようになります。この過程も模索と成功のくり返しによって条件づけられています。バルは「ワタシは、お家のなかのママを描くの」などとは言いません。しかし、自分が表出した描線を眺めて、偶然にか、内的な直観がはたらいてか、薮から棒に言いだすのです。
　「これ、お家。でね、これはお家のなかのママなの」［第1図］
　バルは首尾よくひとつの山を越えました。彼女はいまやシステマティックに同じ試みをくり返し、この「お家のなかのママ」なるお絵かきテクニックに磨きをかけていきます。
　同じような試行錯誤で男の子が誕生します。最初はただの出鱈目な丸なのですが、くり返しているうちにだんだんうまいやり方がわかってきて、いろいろな要素を描き加えた、より正確でより細密な形状ができあがっていきます。

第1図

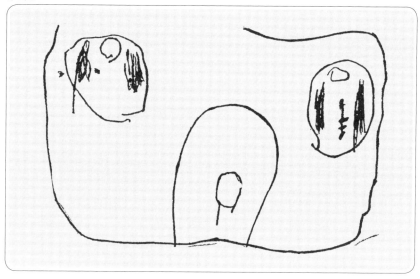

こうしていろいろな要素を描き加えていく描線表記の段階が始まります。紙の一角にバルは従前のやり方で、お家と、その窓辺に立つ女の子を表記します。ところが、たまたま大きな紙が一枚あるきりで、他の紙はなかったので、彼女はとりあえず紙の空白部を埋めにかかるのですが、そこに描きだされたのは男の子のシルエットでした。最初は偶然の成り行きでしかなかったのですが、ふたつのシルエットを見くらべたときに、子どもの精神のなかに、両者の語られざる関係性が、いやもしかすると、単純に口からの出任せにすぎないのかもしれませんが、浮上するのです。「これね、お家で、女の子が窓のそばにいるの。それから、ほら、ここにいるのは男の子で、あっちへ行っちゃおうとしているの。女の子と喧嘩しちゃったからよ」(思うに、これは最近本当にあったことの事後説明なのでしょう)。
　新しい成功です。バルはいまや、お家と、立ち去ろうとしている子どもたちを描きます。描線のテクニックに磨きがかかるだけでなく、筋道だてて説明するすべも身につけていくわけです。こうして説明的な素描が生まれてきます［第2図］。

　この説明的素描と、描き加え型描線表記とは、ある期間にわたって同時的に発展します。
　バルは多少とも似たようなデッサンを、同じ大きな紙に、難なく、上首尾に複製していくことができるようになりました。何度も難なく成功するのが楽しくて、はじめはただ絵を仕上げることだけを考えていました。ところが、描き加えた絵を見ているあいだに、またしても、新しい着想が呼びおこされるのです。
　「これ、お花さんたちよ」
　「それから、この花は病気なのよ。それで、お寝んねしようとしているの」［第3図］

第2図

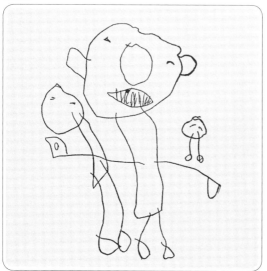

第3図

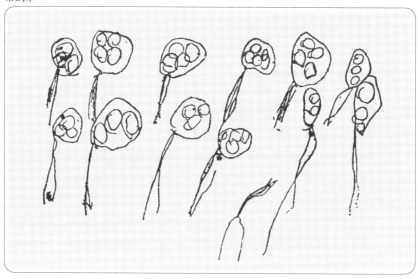

並行的な描き加えと継起的な説明とが、同じ紙のうえで同時的に行なわれることもあります。しかし、並べて描いたものが相互に響応しあったまでのこと、なにかとなにかを結びつける意図があらかじめあったわけではありません。次ページ[第4図]の花壇を描くときも、子どもは「ワタシ、ヒナギクとバラの花を摘んでいる女の子を描くの」などとは言いません。そうではないのです。この場合もまた、相乗効果の基本になっているのは彼女のいつものやり方です。バルは一連の要素的形象を描きはじめるのですが、それらはもともとは相互に無関係なもので、成功した覚えのあるやり方、さしづめもっとも簡単かつ確実に満足の得られるやり方を適用して再製した描線表記にすぎません。

　ついで、あきらかにハプニングなのですが、つぎつぎに描いていくうちに描きまちがいをして、茎のてっぺんになにか飾りのようなものをくっつけてしまったのです。それを耳にすることもできたし、茎のまわりという位置からいって、花にしてもよさそうです。子どもはこうと決めたようで、絵をちょっと手直しして、ほら、花ができました。彼女の説明によると、

① 「これは野菊よ」(どうも人間のシルエットのようでもありますが、それがことの弾みで花の方向に変わっていったのでしょう)[第4図の最上部]
② その下の絵には説明がありません。変えていく中間の過程なのでしょう。
③ 「これはバラの木よ」

　その下のほうに空白があるのですが、おそらくバルも、同種のものを描くことに飽きてしまったらしく、今度は人間を描きはじめます。以前に経験して味をしめているやり方で、できるだけ簡単で成功を得やすい方法で人間を描いていくのですが、その結果、思いがけず、つぎなる新しい進展を呼びおこしてしまうのです。

第4図

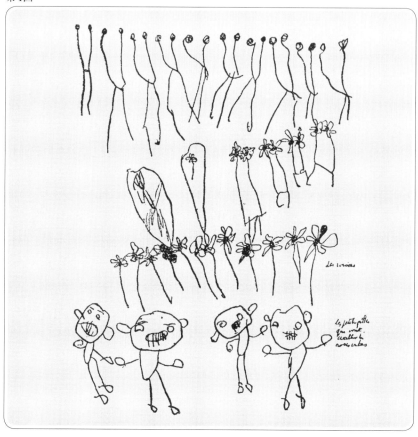

　これらの描き加えは、たまたま余白がたくさんあったからこそ生じたもので、あくまでも偶然の所産にすぎないのですが、バルは「事後的な」説明をひねり出します。

　④「バラのお花を摘んでいる女の子たちなの」［第4図の最下部］

おわかりのように、このいかにも「とってつけた(事後的)」説明は、子どもの描線表記の発展原理である手探り模索の法則と見事に一致しています。創造行為を導き、それに規則性を与えているのは、けっして思考ではないのです。もとはといえば、創造から、説明、比較、思考が生まれているのです。子どもが偶発事を捉まえ、解釈し、タイミングよく利用することの結果として、変化と進歩が、あたかもそれが通則であるかのように立ち現われてくるのです。そして、この飛躍の確かさこそは、知性の根源的な表われのひとつと言ってよいのではないでしょうか。
　人物を何人か描いていくうちに、バルの筆先がすべって、一人の目に傷がついてしまいました。彼女の説明は、こうでした。
　「ほらね、この女の子の目、傷がついてるでしょ。指で突っついちゃったのよ。可哀想にね」〔第5図〕

第5図

つぎも人物の絵です［第6図］。

① たまたま、口が卵のように大きくなってしまって、異様に長くなった口のなかを埋めるために、歯も長くしています。「これはね、女の子が笑っているの。……うれしがっているのよ」。
② もう一人の女の子［右上］は、だいぶ様子がちがっています。「こ

第6図

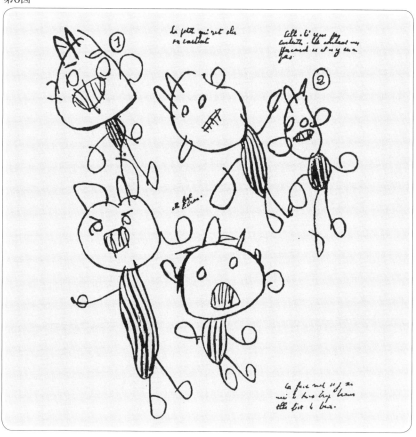

の子は、すねているの。ポスターがほしいのに、もっていないからよ」。
③ この3番目の女の子[左下]は、腕をずっと上のほうにつけてしまったのですが、それを納得する理由を考えだします。これで、どうして悪いの!「いいじゃない、腕がうえにあったって。……この子ね、腕をあげているのよ」

この種の「とってつけた」説明が、すっかり板についてきたようです。

もうひとつの素描では、手からなにかが下がっています[第7図]。
「赤ちゃんが籠をもっているの」
釣り合いをとりたくなったようで、横の人物は両手に籠をもっています。

第7図

つぎの2枚の絵も、偶然の付加と事後的な説明という上記の原理をそれぞれによく示してくれています。偶然に複数の絵を描いたことがきっかけになって、子どもは絵と絵の関係を説明しはじめるのです。

　第8図の①の場合で言いますと、バルはまちがえて胸の横によけいなコブをつけてしまうのです。そこで彼女は「これはポケットなの」と説明します。

　②の人物は、なんだか膨れっ面をして、いらだっている様子です。バルの説明によると、「こっちの子はお菓子を食べたいのよ。でも、まだ4時じゃないし。……お菓子は、ポケットの中なの」。

　③も失敗作です。筆がすべって、足の先が大きくなってしまいました。「この子のズボン、大きすぎるの」。

　人物をさらに描き加えて、さらに説明をひねり出します。「女の子のほうは、スカートをはいていて、男の子のほうはズボンよ［第8図の④］。あの女の子はね、ヘンな髪の女の子を見て笑っているのよ」［同⑤］

　バルは、一人の手に（おそらく偶然に、ですが）ハサミのようなかたちをした二本線を描きいれます。それに筆を加えてハサミにしてしまいます。できあがった人物と人物を関連づけて、彼女は以下のような説明を考えだします。［第9図］［第9-2図］

　①と②　男の子たちの髪の色は真っ黒なの。
　　③　これは泣いている女の子。弟の髪の毛を切ろうとしている。
　　④　この女の子も、ハサミをもっている。弟の髪を刈ろうとしている。これは垂れ下がった髪の束——髪のひとつの束が目に入ってしまう。弟は泣いている。

　子どもはデッサンでみずからを物語る、とよくいわれますし、お絵描き

第8図

発話の段階という説明もされています。

　それはちょうどヴァイオリンの弓を持ったばかりの生徒が弦をかき鳴らして音を出そうとするようなもの、あるいは言語の難しい部分をまだマスターしているわけではなく、この新しい道具を効果的に駆使できているわけでもないけれども、それでも子どもがたどたどしくなにかを話して聞かせようとしている状態に比定されます。子どもは試しに知っている語を口

第9図

にして、様子を見ながら使い方を調整していくのですが、まだ十分に分化した話し方ができるわけではありません。それは木を適当な長さに切った原始的な道具のようなもので、そのときそのときの状況に応じて、あるいはまったく行き当たりばったりに、器用に、もしくは不器用に、それで地面を掘り返すかと思うと、つぎには棍棒として使ったりするようなものです。

第9-2図

　デッサンのテクニックをわきまえているわけではありませんから——7、8歳になるまではそれは無理なので——子どもは手探りで、少しずつ少しずつ自分の経験を調整し、うまくいったやり方を踏襲しながら、まえに進んでいくほかはありません。ピッケルで何度も何度も氷壁を穿ち、たしかな足場を探りながら登山家が少しずつまえに進んでいくように。

　デッサンで物語ることができるようになるのは、鉛筆を自信をもって使えるようになってからでしょう。それまでの子どものテクニックはあまりに未熟なので、いつも筆が横にすべってしまうのです。子どもはこれまで述べてきたような実験的模索の原則にしたがって、とにかくこれと決めたデッサンを描いてしまいます。つぎに描いた絵に合わせて言葉でいろいろなことを説明するのです。本人は、いささかも手前勝手な説明とは思っていないようなのですが。

　この考察から言えること、それはたとえば、

＊線描表記のある細部とか、併置的に置かれているいくつかの要素については、そのときどきの必要に合わせて、自由自在に違った解釈が行なわれる。砂浜に描いた円はお皿にもなるし、タライにも、野原にもなる。デッサンのどれか一枚を子どもに説明させようものなら、この手のこじつけを、際限もなくしゃべらせるのは簡単なことだ。「この男の子はなにをしているの?」。たとえ人間の顔かどうか怪しげでも、いっこうにかまわない。

＊この段階の子どもは、文章を絵にすることはできない。はじめに考えがあって、その考えに合わせて絵を描くことはできないのだ。子どもが印刷機を使った作業をしている私たちの学校でも、8歳前の子どもの場合、新聞の文に添える絵は書かれている趣旨とはまったくちぐはぐなものであったり、ほんの少ししか関わりのないものであったりする。これは、私たちが甘受しなければならない現実である。

　この手探り段階の子どものデッサンが、ある意識下の必然と対応したものであると考えることはたしかに可能です。しかし、そんな着想も、不完全なテクニックによってたちまち裏切られてしまうのです。私たちが子どものデッサンを研究するときにまず心にとめておかなければならないのは、この技術の不完全さと、描いた絵を「事後的に」説明しようとするこの手探りの努力です。ここではしかし、深化すべき問題点の指摘だけにとどめておきましょう。

　4歳になったばかりのバルは、まさにこの段階にいたのでした。

＊同じ紙の上に、あるいはページを替えて、同じようなもの(要素)をくり返し描きながら、少しずつ変えていく。

＊新しい要素が偶然に現われて、併置される。

＊それぞれの要素や、併置された諸要素の関係を「事後的に」説明する。

　読んだり書いたりすることにたいしては、バルはなんの欲求も示しませんでした。口で言う、からだで示す、身振りで真似る、それだけで全部OKです。心を表現したいという欲求は、彼女にまったく見られませんでした。後の段階になると、これが表現のテクニックの中心になっていくのですが。つまりこの段階のデッサンを表現と呼ぶわけにはいかないのは、そのためなのです。それはもっぱら手探り的な活動、世界を征服しようと動きだした若い力が稚拙に、しかし飽くことなく試みる模索、千鳥足の創造といったようなもので、形態、相似性、思想、感情の類を表現するものではありません。
　この段階のデッサンが意識的な表現やコミュニケーションといえないのは、子どもの精神にとってそのようなものがまだ必要とされていない、ということなのです。子どもの創造の手段はほかにも数多くあって、デッサンはそのレパトリイのひとつなのです。経験と創造を可能にしてくれるものなら、ほかにもたくさんあります。庭の植物で、あるいは鶏小屋の動物たちを相手に力試しをすることもできますし、簡単な道具を使って、あるいは手で、新しいかたちをつくり出し、生命を花咲かす天地創造の真似事もできます。そんなときの子どもはデッサンなんて思いもかけません。デッサンは鉛筆と紙があればなんとかなるひとつの便法に過ぎず、もっと本質的な活動をしたいけれどそのための材料や道具がない、適当な場所も見当たらないと判断したときに仕方なしに採用する一種の代替手段なのです。
　こういうことをいうのは、デッサンの問題を本来の位置に、その形成過程に即して考えたいからです。というのは、私の考えでは、デッサンは子どもが読み書き行為に近づいていくときの不可欠な踏み台なのです。学校教育がどう言おうと、読み書き行為もまた今日では、もはや力と安寧の確

保に不可欠なメジャーな活動とはいえないものになっています。レコードとか、映画とか、ラジオとか、ほかにも道具はいろいろあって、読み書き行為の優位を奪いつつあると言ってよいでしょう。

　というわけで、バルはデッサンや文字で自分の考えをコミュニケートしようなどとはこれっぽっちも思っていないようです。読むということがなにを意味するか、本当のところはまったくわかっていません。なぜ子どもや大人たちがものを読むのか、皆目理解していませんし、読めるということが、そもそもどういうことかもわかっていません。しかし、彼女もまた本を広げて読んでいることがあるのです。ためらいなく、悠然と、世にもまじめな面持ちで、彼女は声に出して読むのです——自分が考えたことを。読むということが、それ以外のものでありうるなんて、まるで考えたこともないみたいです。冗談や遊びでやっているのではありません。本当に信じているのです。ものを読んでいる人は、自分のなかにある考えを紙のうえで読みとっているのだ、ちょうどバルが自分の考えをデッサンのうえに見てとっているように、そう、それだけのことなのよ、と。

　あまり驚かなくてもよいでしょう。私たち大人だって、五十歩百歩なのですから。客観的で総合的な読みに不慣れなのは、私たちだって同じこと。1枚のデッサンを直観に頼らずに精査する段になったら、すぐにわかることです。

　それで大丈夫と、私は言いたいのです。

　理由はおいおいに述べていくことにいたしましょう。

5 デッサンから書くことへ

　この実験的模索がつづく過程で、まわりの環境がそれを助けるかたちで影響を及ぼすのは明白です。しかし、伝統的教育もまた、それとは違った仕方で、すなわちかなり要求がましく、ある影響力を及ぼすものなのではないでしょうか。伝統的教育はみずからの考え方、リズムや法(lois)を押しつけてやまないものなのですから。

　私たちは学校的方法の専制支配からバルを引き離しましたが、だからといって彼女を新手のロビンソン・クルーソーとしてこの世界から遠ざけようなどとは思いませんでしたし、その教育に干渉しようとも思いませんでした。干渉といえば私たちのそれは別種のもので、彼女にできるだけ完全な例を示すこと、創造、表現、物語にたいする彼女の欲求を満足させる適切な道具を用意すること、そのくらいが関の山でした。私たちは〈支援者〉でした。まずは彼女の模索実験を促す支援者、ついでそれを自分なりのやり方で整理するときの助っ人として。

　これからバルが読み書きの技術を習得していく過程をお話しするのですが、そのさい私たちの支援の形態についても忘れずに述べていくようにしましょう。子どもたちの発達にたいする私たちの寄与の、それが内実になっていくのですから。

　バルは、私がひじょうにすらすらと、なにか自然なことをしているかのように、ものを書いているのを見ます。読むことにかんしては、そんな驚きは感じなかったようです。読むのは簡単なんだから、きっと書くのだって、たいして難しくはないんだわ、と。

ここにこの段階のバルの特徴を示すデッサンがあります。同じような図柄が併置されているのですが、それらは以下のことを表わす絵なのだそうです［第10図］。

①「女の子たちが学校に行くの。持っているのは、おやつの籠よ」
②「あ、これはね、道沿いの木よ」

第10図

③「この子はもう学校に行きたくないのよ。籠をなくしたから」

これらのことを口で「事後的に」説明するだけでは満足できなくなって、バルは素早く鉛筆を走らせて一部始終を、見たところ堂に入った仕草で書くのですが、その筆跡は単調で未分化です。

バルは私が宛名書きで都市名と自分の名を下線つきでサインするのに気がつきます。これは重要だ、書くときにはこのしるしが決定的に重要なんだと、彼女はとっさに直観したようです。この観察が彼女の模索を方向づけ、以後数週間というもの、この原始的技法にバルは執着しつづけます。ページがいっぱいになると、かならずサインをして、そこに下線を引くのです［第11図］。

いまやバルはあらたな段階に足を踏みだしています。ページの一方にデ

第11図

ッサンが、もう一方にデッサンを説明する補足物として、手書きのテクストが描きこまれています。これは大人がひじょうに重んじているらしいテクニックをより完全に模倣しようとする試み以外のなにものでもありません［第12図］。

　こうしてバルは署名ということを始めます。

第12図

うまくいった線描表記の反復という例の原則にしたがって、バルは同じ文様を二度、三度とくり返し書いて、そこに当然のように下線を引いていきます。
　下線つきの同じ文様はいまやデッサンの付けたしではなく、デッサン本体のなかに進出しています［第13図］。
　もとの原始的文様はもっとよい文様が見つかって、まえのものが不用に

第13図

第14図

なるまでは廃棄されませんが、やがてもっと別な、細部の分化はあまり見られないものの、記号めいたものが登場します。やや分析的に書記(エクリチュール)を真似ようとしているようです。

　書記部分の描き方がだんだん細かくなっていく様子が、これをみるとよくわかります[第14図]。

　細かく分化した記号がはじめて出現しています。十字の記号は t を模倣したものでしょう。まずは一番単純でやさしい記号をうまく再製しているのですが、だからといって、これが子どもにとって決定的な一歩であることは否定すべくもありません。それはつぎの一歩の足場となり、支えとなる飛躍的な前進なのです。ここにはまた絵柄の併置とそれを補うテクストの付加という以前の技法の踏襲も見られます。そのテクストには、e と l が姿を現わしています。

第15図

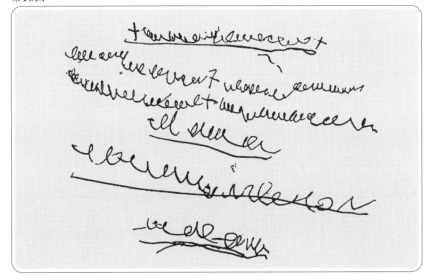

tとlのほかに、すこしずつ、oとaが分化していきます。

　第15図を見てください。まえのような記号とともに、テクストに(下線つきの)タイトルと署名(これも下線つき)がそれらしく配置されています。

　本格的なエクリチュールがそろそろ始まろうとしているのです。

6 デッサンから独立したエクリチュール

　エクリチュールの第一の関門がいまや踏み越えられたのです。
　エクリチュールは当初はただの署名でした。それから絵の一部ともいえるテクストもどきの波線、さらにそれが絵を補足するものとなり、そうしていまや、エクリチュールはみずからの歴史を開始するのです。絵のほうも、みずからに固有な道筋をたどって進化をつづけていくのですが、これについてはここではふれません。
　しかし、いったん分化した以上、エクリチュールはその後も進化をつづけていくためには新しい要素の介在が必要で、それがないとエクリチュールは存在意義をもたぬものになってしまうでしょう。
　絵はそれ自体で自足することができます。それは美を、生けるものを、少なくとも生けるもののイメージを創出します。それは心躍る創造であり、とりわけ彩色という魔術をともなうとき、この興奮は、よりいっそう大きなものになります。
　テクストのほうはといえば、一目では意味不明なただのなぐり書きにすぎず、そこに魅力的な美があるわけではありません。それはただ道具的な機能によって、つまり欲求、思考、もしくは命令を表現する媒体としての機能によって、はじめて価値をもつにすぎないのです。しかし、ここでもまた、欲求なり思考なり命令なりを表現する必要がなければ、なにごとも始まりません。表現したいのだけれど、それを直接には表現できない、あるいは（声とか身振りとか物まねとか）もっと手ごろな間接的仲介手段を使って、それを表わすこともできない場合に、ひとははじめて書くという手段に訴

える必要性を感ずるのです。

　すべての手探りの模索の衝力となってきたこの機能的なはずみ板をひきつづき作用させつづけるためには、ここでもうひとつの本質的な条件が必要になります。自然なものとはいえないこの表現手段を使うには、それを必要とするある特殊な動機づけが介在しなければなりません。学校が外から圧力をかけて、強制的に——あるいは遊びを使って——子どもが全然必要性を感じていないテクニックを教えこまなければならないのは、ひとつにはそうしたモティベーションを見つけそこなっていることに起因しています。ちょっとお考えいただけばわかるように、この動機づけは、人がひどく遠方ではないにしても、その場で受け答えすることのできない距離にいる相手と交信しなければならないときに、はじめて実現するものです。私たちの生活範囲は狭い労働の場にかぎられています。個人間の通常の関係は口で話すだけで十分ですし、世代間の伝承でさえも、そうでしょう。昔はなにか重大なことが起こったときは、自分で遠くまで足を運んで、言葉や身振りで直接に自分の考えを伝えたことでしょう。

　時代は変わりました。新しい機械が発明され、人間の移動もさかんになって、長距離間のコミュニケーション手段が必要になってきます。社会にとってそれは生活の効率を高めるうえで不可欠なことでしたから、いろいろな仕方でその必要に対処してきました。郵便制度をつくり、エクリチュールや印刷による文書の複製をますます完成度の高いものにして、さらには写真、電報、電話、そしてついには映画、レコード、ラジオなどを使って、その必要に応えようとしてきたのです。

　ところが、学校はこうした手段を使うことには大変臆病で、原始的な段階に踟躇しています。現代科学がもたらした高度なコミュニケーション手段なんぞよけいなものであるといわんばかりに、独善的にみずからの旧習にしがみついているのです。こんな状態では、エクリチュールを動機づけることは、まったく不可能でした。私がみなさんにお話ししたいと思って

いる経験は、こうした新しい表現とコミュニケーションの技術、つまり学校印刷機、学校新聞、学校間通信といったようなテクニックを、私たちの学校に持ちこんだことの直接の結果としてもたらされたものであるといえましょう。

　私たちの学校は3つのやり方で、他校との交信を行なっています。学校新聞、手紙のやり取り、そして小包でのさまざまな物品の交換です。バルはこのような遠隔地とのコミュニケーションの雰囲気を早くから呼吸して育ちました。彼女は写真やおもちゃを添えた手紙を受け取り、そうしたことをとおして、読み書きの意義を理解──というよりも感じとっていたのです。私たちが書くところを始終見ていますから。そして、私たちがメメ宛に、代母やいとこ宛に出す手紙に──私たちの喜びや苦しみ、望みや訴えを伝える手紙に、彼女も手伝って封をすることが多かったので、この直感がいっそう強まっていたのです。私たちはバルに通信への欲求を、そう、学校だけでなく家族単位での通信への欲求を、育てていたことになります。書くことがいまやそれとして分化していくのですが、彼女の書くことへの模索の原動力となったのは、まさにこの欲求だったのです。

　このインパルス（衝力）の下で──という洞察が、とても重要なのですが──バルはデッサンから独立したものとして、文字＝手紙というものを、はじめて書くことになります。それはこれまでのように、身近にいる人たちに向けられたものではなく、それとは違う機能を帯びたものなのです。子どもは学校の宿題として書くのではありません。赤ちゃんが話したり歩いたりするのが練習を受けた結果でないのと同じです。バルはメメに、代母に手紙を書いているのです。赤ちゃんが周りの人たちになにかしてもらいたいことをしてもらうために話し、気になる目標にたどり着くために歩くのと、それはまったく同じなのです。

　第17図は、4歳3か月の段階で彼女がはじめて書いたデッサンから独立

した手紙です。最初に獲得された成果に相変わらず機能的に固執している様子が見てとれます。署名部分の下線、十字のtなどです。文字列の分化の度合いや全体のかたちはかなり整ってきています。

4歳4か月で、バルはいとこ宛の手紙を書くのですが、そのひとつが第16図です。

ふたつの資料をつぶさに検討すると、彼女の手探り模索の明確な進捗を推し測ることができます。少しずつ整っていく行線、行間の余白（これはおそらく無意識の模倣にもとづくものでしょう）は、第16図を特徴づける進歩の証しです。

このすべてごった煮の落書き描線から、いくつかの最初の個別文字がより鮮明さを増しながら浮かび出てきます。t, o, a といった文字です。eやlもだんだん個別化してきて、実験的模索の原理にしたがって、よりかた

第16図

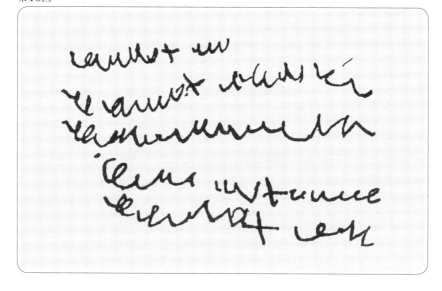

第17図

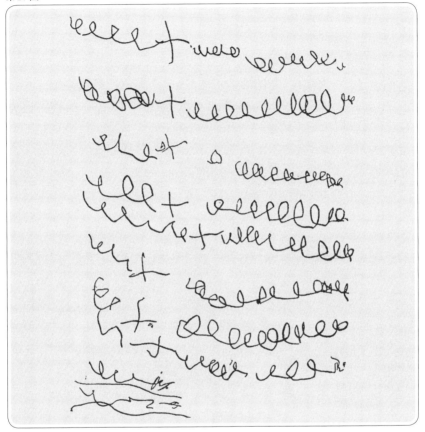

ちをなしたものになっていきます。

　この5歳をまえにしたエクリチュールの自立の段階で、バルは絵を描くこととエクリチュールというふたつの活動をとうとう分離するようになります。その結果、書くことのテクニックに興味を向けはじめるのです。私はもう勘だけで落書きしているんじゃない、書くことにはちゃんとした規則があり、真似るべきかたちがあるのだと、彼女は自分の行動を説明する

のです。

　教室で普通に書かれているテクストというものに、このときはじめて彼女は本当の意味での関心をもつようになるのです。バルは本や新聞のあれこれの文字や単語をなぞります。何日ものあいだ、熱中して数字のコピーを制作します。数字は1字1字がはっきりそれとわかるように書かれていて、文字と同じように幾何学的に整ったかたちをしており、もう気まぐれなものではなくなっています。

　私たちがまずは立ち合うのは、この自発的な——というよりも、与えられた義務としてではなく、私たちの内なる強力なモティベーションを推力として追求される「練習」の進化なのです［第18図］。

　第18図のバルは、エクリチュールとの親しい交わりを結んだあとのバルで、書くことの技術を身につけるために懸命にコピーに励んでいる様子

第18図

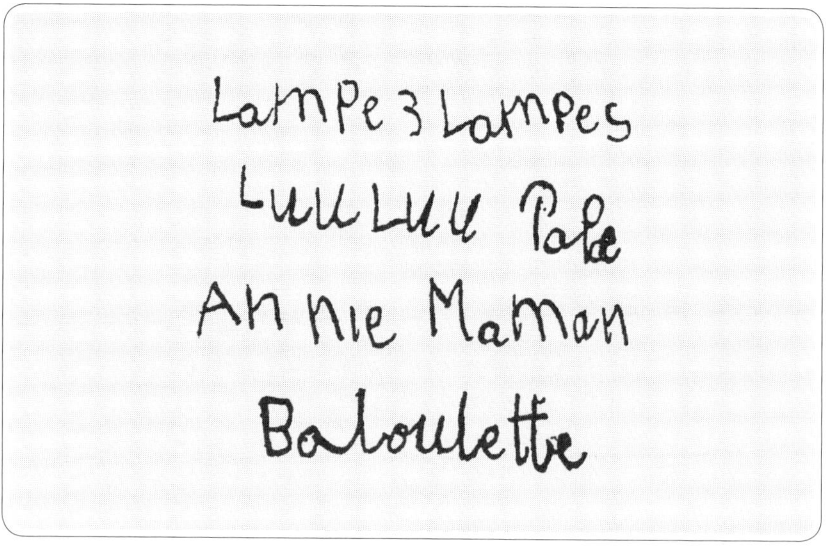

```
Lampe 3 Lampes
Lulu Lulu Papa
Annie Maman
Baloulette
```

が容易に見てとれます。赤ちゃんが自分自身の純粋な動機に促されて階段を登ったり降りたりしている情景を連想しませんか?

　私たちの推論を裏書きする有力な資料は、第19図です。

 ＊ここでのバルは、まえにうまくいったやり方を踏襲し、記号を描くことで、困難を切り抜けようとしています。2・4・1・0・8といった数字なのですが、それは o のかたちと棒線の単純な組み合わせです。
 ＊行には下線が引かれています。以前の描線表記(落書き)の習慣はまだ放棄されていません。
 ＊バルは自分の署名をコピーできるようになっています。この成功はおそらく無数の練習を積み重ねてきたことの成果なのでしょう。署名にも下線が引かれています。
 ＊お気づきのように、この署名の描線表記はデッサンのそれにひじょうに近いものです。記号は分析を基礎にした書記言語(エクリチュール)のように固定的で対照的なものではまったくなく、融通無碍で相互に結びついたもの、一種サンテティック(総合言語的)な調和をかたちづくっているのです。
 ＊デッサンとエクリチュールが、心楽しく表情豊かに融合するこうした署名を合成せずにはいられない心根は、つまるところ、子どもの特徴と言ってよいのではないでしょうか? ここにはたんなる気まぐれ以上のもの、中断なく進行していく、ある連鎖的過程の下意識的な表現があるのです。

　第20図でも、バルは彼女の「練習」をつづけています。彼女は行き当たりばったりにいろいろな単語を模倣していくのですが、それぞれの単語

はじつはひとまとまりの描線表記なのであって、これもまた、デッサンに近いものなのです。

第19図

第20図

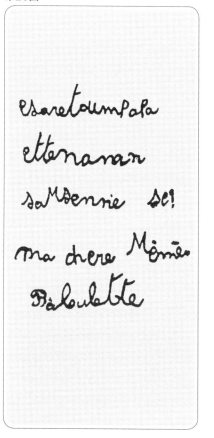

7 単語の意味

　ここにおいてバルは、梯子を一段クリアしたことになります。

　遅々とした手探りの経験をくぐって、バルは自分が模倣しようとするほとんどの単語をひじょうに正確に、しかも手早く、満足しうる完成度で再製するだけの描線技能を獲得してしまうのです。

　この基礎的な技能がマスターされることで、子どもの精神は、語の描線表記(字面)と言葉(パロール)もしくは思考とを関係づけることができるようになるのです。当然のことながら、この関係づけは最初はもっともありふれた語について行なわれます。バルの場合は、友だちの名前がそれでした。

　彼女はいまでは5歳半。彼女は、子どもたちを描いています。絵のかたちもずいぶんしっかりしてきました。気ままに描き加えていって、「後から」説明をつけるという段階を、彼女はとうとう踏み越えているのです。絵は、ある構成物になります。すなわち、ひとつの部分と他の部分との関係を意識的にか無意識的にか表現効果を狙って組織し、それぞれの顔立ちをもった描線表記によって、それらを意図的に構成しているのです。

　しかし、じつを言うと、この結果はつねにバルが最初から意図していたものとはかぎらないのです。ある段階からもうひとつの段階への移行は、当然のことながら、漸進的なものです。手探り模索の過程はまだつづいていて、彼女は描いている途中で図柄を変えたり、さらにはたまたまの成功にかこつけて説明内容を変えたりすることもしばしばです(これは「事後的」説明の名残りというものでしょう)。しかし、全体的な方向としていえば、説明はもはや「事後的」なものではなく、デッサンはひとつの表現に、ひと

つの言語に、なっています。

　バルはこの言語を、エクリチュールの最初の制覇にしっかりと結びつけます。

　第21図では、お手のものの構図でバルは子どもたちが散歩している情景を描いています。それぞれの人物の下に、彼女はその子の名前を記入しています。絵に特別な意味を加えようとしているわけではなく、ただこれまでとは違う描き方を会得したことを確かめ、その手につかんだ新しい道具を使ってみたいと思っているだけです。

　バルは絵のなかに、あるいは絵とは別なところに、自分がよく知っている人の名を真似して記すことに熱中します。パパ、ママ、メメン、マックス、フーヌ、ピジョン、ジェルメーヌなどなど。

　彼女はこの初歩的な達成を最大限に利用します。赤ちゃんはある言葉を正しくいえるようになると、飽きることなくその言葉を反芻しますね。安全と成功を目指し、成功した試みは何度もくり返す、あの手探り模索と反復の学習機制が、ここにもはたらいているのです。彼女の場合も、最初に知ったこれらの語が長きにわたってあらゆる描線表記にかならず登場することになるのですが、語彙が豊富になるに及んではじめて、その使用は消えないまでも少なくなっていくことになるでしょう。

　このすべての過程にはふたつの側面があります。一方で過去への固着が見られる反面、未来に突き進んでいく大胆な衝動もはたらいているのです。人口に膾炙した成句、「足が枝に着くまでは手を離すな」は、この事情を言い表わす言葉として侮りがたい一般性をもつものでしょう。よりすぐれていると確証されたものと出会ったり、いままでの行動はもう不適切で捨てるほうが得策と納得するまでは、子どもはすでに会得したもの、自己生成の一部になっているもの、その力が自分にとって有用であると信ずる道具やテクニックを、けっして放棄しないものです。

第21図

百姓はまっさきに自動車に手を出すような人間ではありません。彼らはラバに引かせた御者台つき軽馬車をもっていて、しかもそれで万事を十分にまかなえるのです。私たちが自動車のメリットを、彼に示すとします。しかし、彼は自動車の不都合な点もしっかりと見て取ることでしょう。社会の一般慣習と必要性が、自動車を人間の不可欠な足としたときなのです——それまでの移動手段が、遅れたもの、廃れたものとして放棄されるのは。

　子どものやり方も同じです。極度の慎重さが逆説的にも断固たる果敢さと結合しているのです。というよりも、天秤の両極端が同じ重さで、必要なバランスを保っているといったらよいでしょうか。その後につづく進化の過程でも、原初の達成にあらたな獲得成果がつけ加わって、両者が多かれ少なかれ論理的に統合されたり併置されたりしているさまを私たちはたえず目撃することになるでしょう。しかし、原初の達成にもはや有用性が認められない場合でさえも、それらは維持されるのであって、新しい衣服を十分にうまく着こなせるようになったときに、彼らははじめて、着古したもとの古着を手離す気になるのです。そのときでさえ、それがあまりに身についた愛着の深いものであるがために、渋々ながら放棄するのであって、難仕事に出会ったときなどには、心嬉しくそれを思い起こすのです。たとえボロ籠に投げこんだとしても、けっしてそれが消えることを望んでいるわけではないのです。

　第22図は、この過程の相貌を特徴的に示しています。

　　＊つぎつぎに連なる文字綴り(すでに手慣れた描線表記のくり返しです)。
　　＊既知の名前がテクストのなかに挿入されている(maman, papa, Dédé, Lulu, Pigeon, Max, Coco, Fifille et Foune, Line, Noël, Max)。
　　＊新しく知った単語や符号が行き当たりばったりにテクストのなか

に挿入されている(既得の現在のなかに胎まれている未来です)。すなわち、et, lit, ?, ma. Le ? などで、あまりにホヤホヤの成果と感じられるからでしょうが、バルは誇らしげに自分の署名をこの符号で飾っています。

＊絵が、説明としてテクストに付けられています(これは過去の名残なのでしょうか、それともいまどき流行のイラストつき文章のつもりでしょうか)。

第22図

8 読むことより以前に自己表現があるのだ

　私たちは、ここまでたどり着きました。
　授業なんて受けたこともなく、最初はただ創造と力への欲求だけを推力にして、そしてつぎには外からの動機づけに促されて、子どもは意識的なエクリチュールの夜明けを迎えることになりました。絵や言語をとおしての自己表現と同じように、彼女はエクリチュールをとおして、まだ多少とも不器用で不完全ではありますが、自己を表現するようになります。しかし、とにもかくにも道具は入手したのです。あとはそれをうまく使えばよいだけのことです。
　ここでちょっとだけ立ち止まって、若干の考証をしておくことにしましょう。というのも、自分たちの内部の、あるいは周りの人間たちのなかの生命の震えに、いっこうに無頓着であるために、疑わしげな顔で取り越し苦労の質問をする人たちのために、まえもって答えを出してしまうほうがよいように思うからです。
　バルはいまでは6歳ですが、ごくごくまれにしか教室に姿を現わしません。これまで見てきたように、まだ数語しか書くことができません。だから進み具合は、他の普通の学校の生徒ほどではないといえましょう。いや、いちじるしく遅れているとさえもいえるかもしれません。よく考えてみますと、そもそも本当の比較なんぞできない話なのです。両者はまったく異なるふたつの進み方、ふたつのテクニックなのですから。マニアックな父親が、ちょうどオウムになにかの台詞を囀らせるような具合に、ほんの小さな赤ちゃんに言葉を覚えこませようと努力をすれば、正常に育った、で

もまだどの言葉も正しく発音できない子どもよりも、ずっと早く話すのが上手くなると主張するようなものです。

　学校では子どもたちは、ずいぶんの時間をかけて文字のおさらいを強いられています。単語だの文章だのを写しとっているわけですが、それは彼らにとって、かたちだけの習得物にすぎません。バルにとっては、いったん得た経験は、どんなに不完全なものであろうと、自分の存在のなかに有機的に統合され、もはやそれと切り離しえないものになっていくでしょう。

　そのうえ、学校的なこのエクリチュールの技法は、全体的に見れば、そして結局のところ、文字の習得をかえって遅らせているのです。現在の学校はアブノーマルなテクニックを使って、ノーマルな教育にとっては有意義な過程を切り捨て、いたずらに先走った目標値ばかりを追いかけているからです。ウサギとカメの物語が、あたまを掠めませんか。結局のところ重要なのは結果であり、この場合でいえば、人格形成に寄与しうるエクリチュールの獲得なのです。

　これと比較したときの私たちのテクニックの利点はあまりにも明白で、「どちらが先にいきつくか」を対比したら——実際に対比しているのですが——勝負はだれの目にも明らかです。方法がはじめから見当違いですから、伝統的な学校は、書くこと、読むこと、ガリ勉することを、子どもに強いなければなりません。まあ、なんと涙ぐましい学習であることか！小学校の先生がたが労多くして成果の覚束ない幼年児クラスの仕事をどんなに懸命に逃げ回っていることか。一方、母親は母親で、あの甘美で感動に富んだ幼年時代を過ごしているわが子を、あの最初の力試しから隔離しようと躍起になっているのではないでしょうか。

　バルならずとも、こうした自然なテクニックで育った子どもなら、ことごとしく学校の授業だの課題だのを課せられるまでもなく、まして家でそんな勉強だのおさらいをするまでもなく、最初の産声からほとんど完成された言語表現までの全成長過程を軽々とこなしていくことでしょう。それ

を助ける環境と、十分な手探り模索の経験があれば、それで足りるのです。バルは、さらに表現のテクニックを研ぐために教室に顔を出す必要も、まったく感じていないようでした。

　しかし、バルは文字を書きたいとは思っています。よちよち歩きの落書きでは、もう満足できないのです。彼女はその不完全さを自覚しています。そこで出したい相手宛の手紙を口述筆記で大人に書き取らせて、その文面を念入りにコピーするという手を考えだします。これは素晴らしい練習にもなります。しかし、やはり自分で書かないと思うようにはいきませんから、秘書なしでやっていくほうがよい、自分で文字を書いたほうがずっとよいと彼女が悟るのに時間はかかりませんでした。

　彼女は書き方の授業を受けたことなど、一度としてありません。あれこれのお手本を素描しているだけです。はじめはひじょうに覚束ないものですが、ぐんぐんと上手になっていきます。

　印刷機の活字ケースのあたりをうろうろして、植字架を活字で埋めたり、単語を組み立てて遊んだりして、面白がっています。そうこうするあいだに、バルはアルファベットの全部の活字の名を覚えてしまいました。

　この習得の迅速さと確かさは、子どもがそのなかで行動し成長する環境の豊かさと相関しています。会話の乏しい、あるいは粗雑な言葉が行き交う〈恵まれない〉家庭では──ほかのすべての条件が等しければ、という前提のうえでですが──教養があって円満で、家族が正確で洗練された言語を話す〈恵まれた〉家庭よりも、子どもが話すことを学ぶのはもっと遅く、もっと不十分なものになるでしょう。ですから私たちは、学校というものの教育的機能を軽く見ているわけではありません。ただこの機能が誤解され、間違って運用されているために、惨憺たる無駄骨折りに堕してしまっていると考えているのです。私たちは学びの過程を建て直し、道具を改善し、テクニックをもっと完全なものにして、それをもっとよいものにしたいのです。

バルはつねに読めませんし、読もうともしません。他人の考えていることを読むなんて、彼女にとってはどうでもよいことなのです。この態度にはおそらく、ふたつの理由があります。他人の考えは、彼女の関心を引きません。これが親譲りの自己中心癖なのかどうかはよくわかりませんが、彼女は自分の考えを組織することに手一杯で、本当のところ他人が考えていることに興味をもつ余裕がまだないのです。しかし、手紙をもらうことは、これは新しい通路を拓く第一段階になるようです。それは他の子どもたちの生命を感知する最初のアンテナなのです。通信文を読もうとすると、必要に迫られて読むことへの関心が生まれてきます。しかし、読みの遅れにはそれなりにもっともな第二の理由もあるのです。読みは彼女の手に余るテクニックで、彼女はそれを恐れているのです。まだ自転車に乗ることができず、漕ぐことを恐がっている子どもを考えてみてください。そこでそんなときのバルは、自分が受け取った手紙をだれかに読んでもらうことにしているのです。

　伝統的方法が体系的授業なるものによって、6歳にもならない子どもたちに読みの初歩を教えこもうとしていることは言うまでもありません。これは必然的に授業を、したがって課業を、従順さを、要求します。ほんの少しだけ教室を活気づけたり、遊びの要素を取りこむことで、授業だの課業だのの弊害をとり除く、という便法もあるにはあるでしょう。しかし、結局のところオチはいつも同じなのです。スタートを早く切り、いたずらに先を急ぐことばかりが能ではないはずです。大事なのは到達点であり、到達したときの子どもの状態なのです。

　バルの自然な進歩の過程が、あらゆる点から言ってより好ましいものであるのかどうか、目標に導く方法としてより確かなものであるかどうかについては、まだ検証されるべき点が多々あることでしょう。

　私たちの研究は、この問いに答えるためのものです。私たちの仮設を統制し、検証して、新しいテクニックを証明していくことがたしかに必要な

のです。不当にもこれまでつねに見過ごされてきた論理と方法の可能性に思いを馳せる教育者たちの、それは重要な課題になるでしょう。

　伝統的な教育学の言うところとは逆に、年少の生徒たちのノーマルな知的発達にとっては、読み書き能力は別段不可欠なものではありません。不可欠でないとすれば、自然な成長と学習の過程を撹乱するという意味において、かえって有害なものになる危険性が大きいのです。

　今日の学校が、読み書きのテクニックの、少なくともその初歩だけは習得させようと意を砕くのは、使いつけてきた教材や方法がたんに貧困であるからにすぎません。幼年児クラスの生徒が読み書きを習得していれば——生徒ではなくて——先生のほうが大助かりなのです。そうすれば思う存分宿題も出せるし、先生がたが自分の〈職務〉だと心得ているもの、学校での勉強をそこに封じこめている、あの教科書暗唱式の授業だって、大手を振ってやれてしまいますから。読み書きのマスターだけを考えていて、だから幼い子どもをどう取り扱うかなんて、まるでわかっていない教師があまりにも多いのです。あとは教育的遊びという麗々しい名前で呼ばれている飴玉で、子どもたちを面白がらせておけばそれでよい、というわけです。

　しかし、もしも私たちが学校の、そのあらゆる階梯に、新しい道具と方法を導入し、子どもの機能的要求に応じた仕事（学び）を可能にしようとするならば、そのとき読み書きの習得は、それほど差し迫った問題ではなくなります。ひな鳥に人工の翼をつけて、巣離れを早めようという、そんな愚かな試みを私たちはしません。ひな鳥に羽が生え、花の開花のように翼を広げる日を、辛抱強く待つことでしょう。自然に、力強く彼らが飛び立つその瞬間が、間違いなくやってくることを心に信じながら。

9 書くことの仕上げのプロセス

　生命への立脚が、私たちのテクニックの特質で、これをバネにした子どもはつねにより上手に行動し、より早く、より遠くまで進んでいくことができます。生命感覚は人間の自然な感情でもあり、これがないと進歩は望みがたいのですが、伝統的な学校はそれを抑えこんで窒息させてしまうのです——まさにこれこそが、学校のもっとも重大で、かつもっとも根源的な罪科であると言わなければなりません。

　バルは自分がよく知っている人たちの名前を書くことができるようになりました。しかし、それは彼女を満足させません。友だち宛の手紙をだれかに書き取ってもらって、それを写すというのは、不毛な依存と屈辱であって、彼女にとっては悔しいことなのです。もっと年上の仲間たちは、ちゃんと自分で手紙を書いているのに。彼女は焦りはじめて、自分も早く一人前の書き手になりたいと思うようになります。

　そのために彼女はあり合わせの道具や手段を利用するのですが、それはつねに同じ手探り経験の原理にもとづいて遂行されます。私たちは、この道具や手段を順次、研究していくことになるでしょうが、あまり先走って一般的な結論を出すことは控えるつもりです。いろいろと違う条件のなかで試行錯誤を行なっていくのですから、ほかの子どもたちが、方向として同じだけれども細部では異なる反応を示すことは、十分にありうることなのです。私たちが示したいと思うのは、学習と進歩の自然なプロセスはどんな段階であれ、またどんな環境におかれた個人であれ、本質的な原理において同じであるという事実です。それはすなわち実験的模索の経験、安

全性と有効性という経済原理にもとづく成功例の反復模倣、しかし、にもかかわらず「足が着くまでは手を離すな」を原理として、生命の必要に応えるためには慎重さとともに大胆さをも厭わない冒険的な行動傾向、等々です。

では、バルの場合はどうだったかを、見ていくことにしましょう。

彼女が注目したのは、同じ語や表現が手紙のなかに頻出するという事実でした。彼女はその書き方を覚え、くり返し利用し、書くものすべてのなかでそれが自動的に顔を出すようになります。下線つき署名をながいこと落書きのなかで反復した、あのやり方です。新しい言葉や表現を覚えたばかりの赤ちゃんが、すっかりその面白さにとりつかれて、これを使えば成功間違いなしと見こんででしょうが、すべてのよちよち歩きの言語表現のなかにその言葉や言い回しを混入するのと、まったく同じです。

こうしてバルは、Cher papa, chère maman, chère marraine, chère

第23図

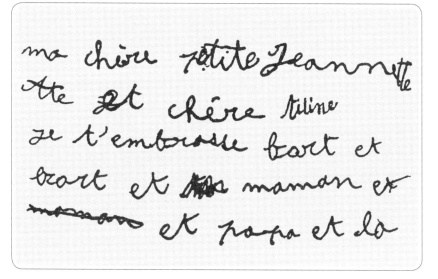

mémé といった書きだしの表現を覚えます。それから結びの成句も。「堅い、堅い抱擁を貴方に。バルレットより」といった具合にです。

でも、これだけでは手紙の字面はぜんぜん埋まりませんよね。そこで始めと終わりのあいだに、自分が知っている人の名前を片っ端から挟んで埋めていきます。ここに掲げたのは、そうした手紙の典型です[第23図]。

だが、これは飛躍というものです。バルはなにごとかを表現し、理解させる手紙を自分一人の力で書いたのですから。しかも、彼女はこのよちよち歩きに留まることなく、最初の手紙のさらなる完成に向かって歩みを進めていくでしょう。そうです。そうと決められた型どおりの手紙をでっちあげても、彼女としてはあまり面白くありません。模倣するかたちの適否は、それがどれだけ使いものになるかによってさまざまに異なります。いちばん使えそうなものを、選んでいかなければなりません。

バルは手紙を改良する手がかりを、彼女の周囲からかき集めます。赤ちゃんが自分の言葉のレパトリイを増やして多様化するために、手当たり次第に周囲からその手段をかき集めるように。

授業などというものは一切受けたことがなく、ただ版下板に組まれて鉛に溶かしこまれるテクストとそこに表現されている思考内容をくらべながら、そして活字ケースの周りをうろついて活字を組み合わせたり印字したり、印刷された紙切れに挿し絵を入れたりしながら——要するに興味を引いたこと、気持ちをそそられた活動すべてに手をつけながら、バルは文字の名を片っ端から覚えてしまいました。しかし、彼女の文字の用法は自己流のもので、c は que もしくは ke、はたまた cuei ですし、se と書きたいときは s だけでよく、また sé は c'était, céder, casser などを表記する手だてとしても汎用化されています。これは言語に施される高度に自然発生的な、一種の体系化であって、あのはなはだ難解な論文を書く音声学者たちがしきりにやっていることとも通じています。

バルはこうして que(c), de, r, ne, né, pe 等々を表わす表記をマスターしていきます。彼女は自分の口に上って、手紙のなかに転記したいと思う語を文字にするすべを獲得したのです。この過程は原理的には完成の一歩手まえに到達したものといってよく、あとは子どもが、それを自分で補正していけばよいのです。
　バルはアルファベットのそれぞれの文字を、自分がそれに与えた音価に準じて綴っていくことに、まずは大満足です。

　　〈On a féladinète ilichvé.......on laprépare......on a févè de la semoule〉［第24図］

　　［訳注＊以下の意味と思われる。「ママゴトをしました。　そこにいたのは……（名前連記）です。　おやつを (?) つくりました。　挽き割り粉でつくりました」］

第24図

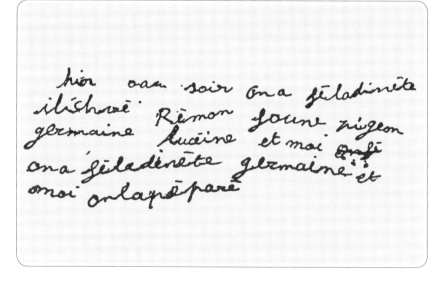

この単純化されたシステムをもってしても——じつは、まさに単純化の行き過ぎのためなのですが——どうもうまくいかないところがあるのが見てとれます。バルは ilichvé と書いていますが、これは il y avait のことなのです。de la〈tarte〉と書こうとしているのですが、de la tate になってしまっています。

　しかし、それは彼女の大発見を妨げるものではありません。彼女のまえに、道は大きく開かれたのです。彼女は書けるようになったのです。コミュニケートしたいあれこれの考えを紙のうえに固定することができるのです。実際、私たちは彼女の手紙を読むことができますし、理解することだってできます。判読しにくいとはいうものの、お医者さんの処方箋やシャルル・モーレスのあのいびつな字体の原稿よりは、まだしも読みやすいといってよいのではないでしょうか。

　もしもバルの行動が、（私たちが教育の原動力にしている）あの完成と進歩への要求に根ざした行動でなかったとするならば、彼女はさだめしコミュニケーションのこの段階で足踏みしていたに違いありません。事実、発達の遅れた子どものなかには、ここから先には行きたくないと言うかのように、舌足らずな口言葉の段階で足を止めてしまう者がいます。しかし、正常な子どもはこうした不完全さにけっして自足しません。

　試行錯誤のなかで自分がたどたどしく書いたものと、肉筆であれ印刷物であれ、目の下に広げて眺めている立派なテクストを直感的に見くらべて、バルは自分の作品の弱点と欠点を点検しています。意識的・論理的にそれを見届けないと、彼女が賞賛するテクストに完全に見合うものを書きあげることは、いつまでたってもできないと、バルは感じていて、でも、そんな理由づけをことさらにするでもなく、彼女はただ納得できる仕上がりを求めて努力をつづけます。心の安らぎとみずからの力の確証を得ることは、彼女の存在そのものの内的な要求なのです。試行錯誤で喃語の組み合わせを探索している過程で、Nana, titi, lolo, pépé, abon, amo など、正し

い発音とはいくらか似ているにすぎない、しかし、ある意味をもっていて、パパやママなら理解できる神通力をもった発音をうまく見つけだしたときの子どもの成功感は、まさにそうしたものでしょう。

　もちろん、伝統的な教育学者はおっしゃることでしょう。この小さな成功に子どもが気をよくして、もっと先の努力を止めてしまったらどうするのか、と。正常な子どもで、大きくなってからでも依然としてハイハイ歩きをつづけている子どもが、そんなにたくさんいるというのでしょうか？たしかにある段階では、子どもはハイハイという不十分な移動方法に固執することでしょう──とりあえずそれで思うように移動できるのですから。あるいはまた、周囲がちゃんとした言葉を話しているにもかかわらず、2歳児当時の赤ちゃん言葉が大人になってからもそのまま残ってしまう人が、そんなにざらにいるのでしょうか？

　自分がまだまだ不十分であると、バルは自覚しています。なんとなくそう感じている、といったほうがよいのかもしれません。だから正しい書き方に近づこうとして、自己修正を重ねていくのです。恵まれた、彼女をうまく助けてくれる環境のなかにいれば、成功はより確かで迅速なものになるでしょう。

　それでもまだ、読者のなかには反対したいお気持ちになるかたがいらっしゃるかもしれませんね。子どもをそんなふうに放ったらかしにしておかないで──なにもかも手探りだなんて、そんな痛々しいことはやめて──少なくとも文字表現の骨格となる基本原理くらいは手ほどきとして授業で教えたほうが、やはりよいのではないか、と。方法的な復唱と書き取り練習で単語をたくさん頭に貯えておけば、貴重な時間をもっと節約できるし、しなくてもよい誤りをおかす危険性も、ずっと少なくなるはずだ、と言うのです。

　まだ8か月の赤ちゃんなのに、あまりに早々と歩き車をあてがってしまう現代の母親は、まさにそういうことをしているのです。もう赤ちゃんは、

地面であんよを訓練しなくてよい!──ほらね、もうまっすぐに立っている。14か月のお兄ちゃんのように、歩けるのよ!──ものすごい速さで、部屋の隅から隅まで動いていくわ。障害物があっても平気、ごらん、うれしそうに目を瞑って近づいていくでしょ──しかし、これは進歩の幻影というものです!

　目標だけが重要だというのなら、たしかに進歩があった、ということになるでしょう。長いことハイハイをして、それからじょじょに立つようになった子ども、筋肉と神経の長い鍛錬をへて歩くことを体得した年上の子どもと同じ速さ、同じ確かさで、赤ちゃんが歩くのですから、これは素晴らしい進歩と言ってよい、と人は思うのではないでしょうか?　経験が示しているのは、それとはまったく逆なことです。が、もしもそうであったとしても、子どもに無理な背伸びを求めず、体系的な授業など行なうことなしに、しかし、生命の要求には完全に寄り添いながら活動を積み重ねていく自然方式の有効性が、いささかも揺らぐものではありません。十分な模索経験の機会を保障する環境、もっと高く登っていく手がかりとなる木の枝、子どもが憧れる素晴らしいお手本がそこにあれば、もうそれで十分なのです。認識の木の実に手が届くまで、しかし不用意に「手を緩めず」、成功と後退の可能性をともに留保しながら、子どもは高く登るための枝にぶら下がるのです。

　上記の考察から明らかになったこうした諸点を、私たちはしっかりと念頭に置いて教育の仕事を進めていくことが必要でしょう。

　バルは、文字が音声の、自分がおしゃべりのなかで発している音声の標記であることに気づきました。いろいろな文字記号を結びつけて、組み合わせて、彼女は語や句を文字に移すこと、つまり「書く」ことができるようになったのです［第25図］。

第25図

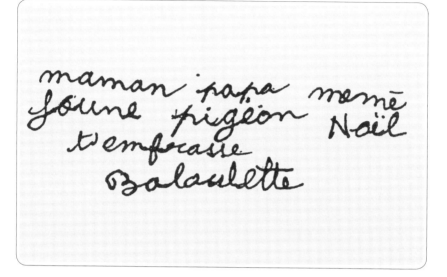

　いまや彼女は、このテクニックをより完全なものにしようと、慎重かつ大胆に突き進んでいます。
　慎重に、そして大胆に、です。彼女は、ちょうど赤ちゃんが椅子とか家具とか、なにか安定したものから出発して、もうひとつの家具や椅子、冒険旅行の終着点になりそうなものに向けて歩きだすように、書くという大冒険を進めていきます。途中の中継点になりそうな支えにしがみつく——それもよくあることです。
　バルの一連の手紙をふり返ってみますと、これらの支えが見えてきます。最初の支点と最後の支点、そして中間のそれ、といったように。
　それらの支点のいくつかについては、すでに見てきたとおりです。〈Cher papa.....Je t'embrasse fort, fort〉、そして中間の部分に知っている人の固有名詞が、中継支点として挿入されるのでした［第23図参照］。
　ほかにもお決まりの支点によって枠づけられた手紙が3通ほどあります

第26図

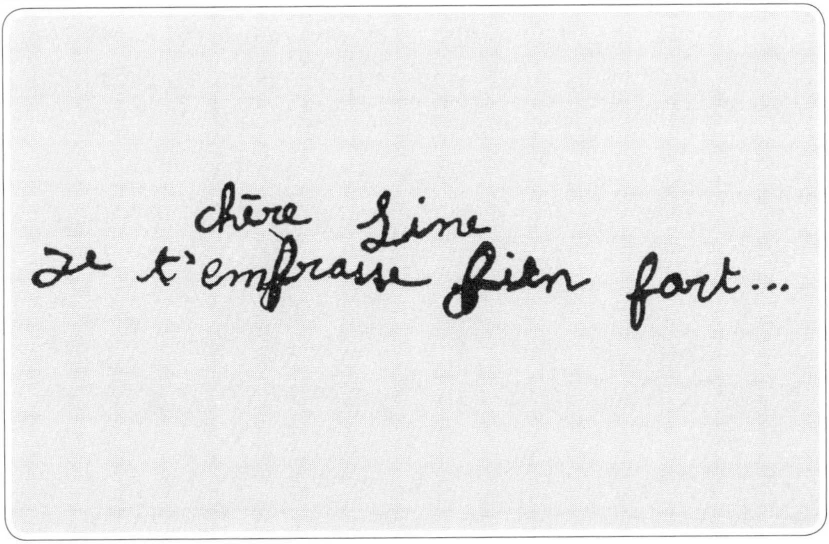

> *chère Line*
> *Je t'embrasse bien fort...*

が、その中間支点はすでに分析してきたような、もっぱら音を表わす文字列でつながっています。しかし、この表音文字のあいだから、だれの影響かはわかりませんが新しい文型が出現して、たしかな支柱として地歩を固めていきます。〈Comment vas-tu? ……Maman, comment va-t-elle?〉(ご機嫌いかがですか。お母さんはお元気ですか)という決まり文句です。

〈Chère Line, je t'embrasse bien fort……pase toujour isi tumedi ra a collpéi que tu a fi te comanva tu ma petite Line et sq ta maman va bien dès sou je con cel a napaboquou. tu lui di ra cze vé bien. Je t'embrasse bien fort〉[第26図はこの冒頭部分]

訳＊Chère Line, je t'embrasse bien fort. Pense toujours

第1部
言語学習における自然方式

à ici. Tu me diras à quel pays que tu habites? Comment vas-tu, ma petite Line? Est-ce que ta maman va bien? des sous, je crois qu'elle n'en a pas beaucoup. Tu lui diras que je vais bien. Je t'embrasse bien fort.

[日本語訳＊リーヌさん、あなたへの堅い抱擁を。いつもここのことを思っていてね。あなたはどこの国に住んでいるのか、教えてくれる？　かわいいリーヌ、あなたは、お元気？　あなたのお母さんはお元気かしら？　きっとお変わりないわよね。私は元気だと、お母さんに伝えてくださる？　あなたへの堅い抱擁を。]

　つぎのものは、もう立派に手紙と言ってもよいものです。
　前と後に支点を置いた同じ構成の手紙なのですが、中間には十分に判読可能なかたちで新しい内容が盛りこまれています。この段階になるとバルの手紙は、筆慣れない大人の手紙とそれほど違わないものになっています。筆慣れないために、いつも同じ形式で書くことになり、そのために少なくとも印象としては、馬鹿ていねいな、たいへん構えた書き方という感じを与えてしまうわけです。「私どもの朗報をお伝えいたしたく、あなたさまにもお喜びいただけるものと存じまして、本日は筆を執らせていただいた次第でございます」という書きだしで始まり、こちらのニュースを報せ、結びは「わたしどもの便りをどうぞご嘉納くださいませ」で終わる、あれです。
　バルがみつけた形式も、似たり寄ったりのものでした。「親愛なるお母さま、ご機嫌いかがですか。わたしはたいへん元気です」で始まり、若干のニュースを報せて、「堅い、堅い抱擁をあなたに。バルより」で終わる形式です。
　これが長期間、バル愛用の手紙の様式となりました。

第27図

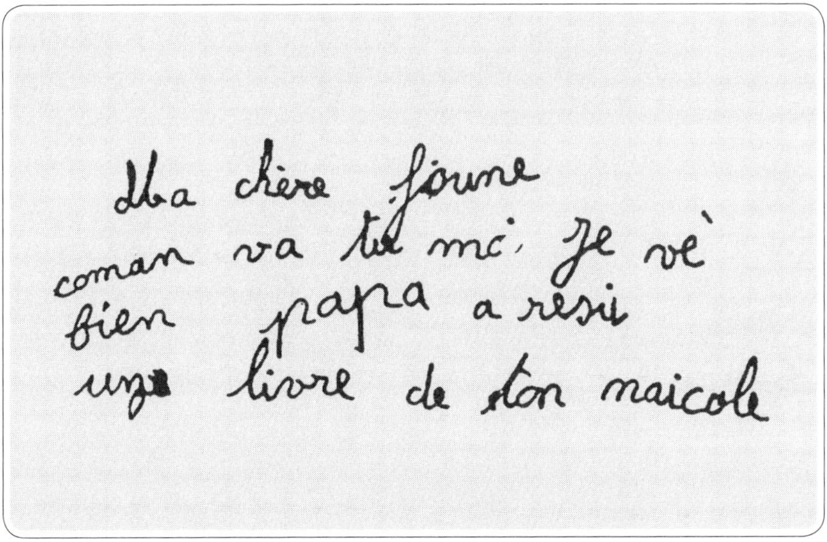

> dba chère jöune
> coman va tu mc, je vè
> bien papa a resii
> un livre de ton maicole

〈Il y a ve la poési. Jacque a rive il midi papa a di cile fos a les pro mené a lor je té di aure voire. Je t'embrasse bien fort fort fort fort〉［第27図の続きの文］

［訳注＊第27図の部分の訳は、「親愛なるジューヌ、お元気？　わたしは元気よ。パパは、あなたの学校の本、受けとりました」］

10 活版印刷と、文章の手紙からの独立

　バルは6歳6か月です(この時期の学習には遅れが生じています。バルは5か月というもの、ある事故のために学校から離れて暮らし、すっかり調子が狂ってしまっていたからです。)。

　彼女ができるのは、書くことだけです。たんなる引き写しではなく、書くことで自己表現をしています。年齢からすると、これで上出来だと、私は私なりに信じています。

　彼女はずっと読めなかったし、読もうともしませんでした。手紙を受けとると、読んでもらうのです。けっして自分で読もうとしないこの依怙地さには、たどたどしく読んで無能をさらしたくないという子どもの自恃の心理がはたらいているのかもしれません。しかし、これは彼女に特有な感情ではありません。子どもの反応にこめられているものは複雑で、だれにもその全容はつかめません。

　にもかかわらず否定しがたいのは、このいわば予備的な過程を通じて、多少とも意識的に、しかしゆったりとした前進が行なわれているということです。バルはいろいろな単語を製版して遊ぶのですが、それが意外な結果を生みだすのです。私たちの教育運動は「学校に印刷機を」を合い言葉にしていますが、このテクニックは、当時のバルにも、ことのほか有益な影響を与えています。バルがそこにどのように関わっていったかを、少しお話ししましょう。

　アルファベットの活字を組み合わせて、自分たちの関心事を短文に綴るのが、年少の子どもたちの毎日の行事になっています。もう少し年長の子

第28図

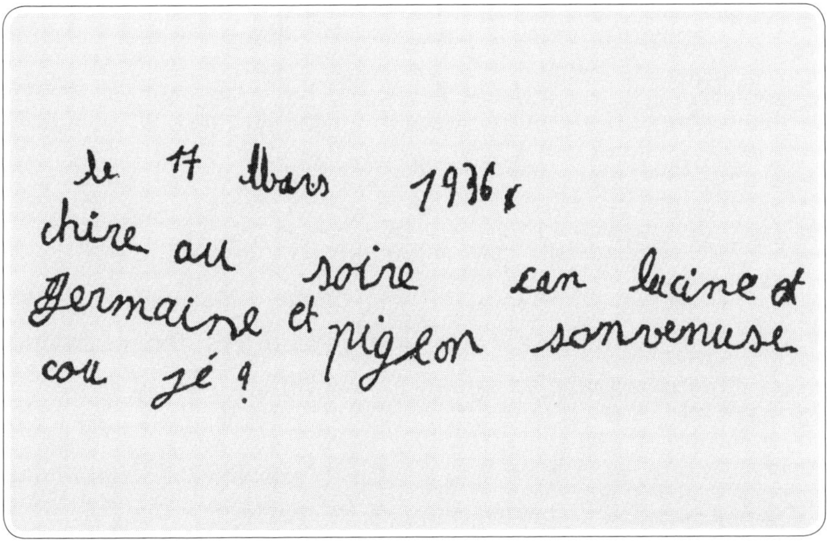

> le 17 Mars 1936,
> chire au soire can lucine et
> Germaine et pigeon sonvenuse
> cou jé?

どもになると、自由に書いたテクストのなかからみんなでひとつを選ぶことになっています。どちらの活動にも、バルは横から手を出したがります。バルは年長クラスに応募して、印刷してもらうのだと称して、作文に取り組みます。印刷してもらいたくて、どうにも仕方がないのです。その動機は、手紙を書こうとしたときとまったく同じです。手紙の場合はすでに述べてきたように、文字と音声を結びつけることができたときに、望みはかなえられました。たいへん面白いのは、表音文字のテクニックを獲得する途上で、それまで手紙を書くときの定石として慣用してきた支点や中継点が無用なものになって、姿を消してしまうことです。

　以下に示すのは、バルがそのために書いた最初のテクストのひとつです〔第28図はその部分〕。

〈chire au soire can lucine et Germaine et pigeon sonvenuse

cou jé ?
et pigeon nevou lé paet tère alore Foune sè levè et elle a etin ?
et pigeon a gorené. Maman a tapé au mure et on a dore mi.〉

訳＊Hier au soir quand Lucienne et Germaine et Pigeon sont venues se coucher, Pigeon ne voulait pas éteindre alors Foune s'est levée et elle a éteint. Et Pigeon a grogné. Maman a tapé au mur et on a dormi.

［日本語訳＊昨日の晩、ルシアンヌ、ジェルメーヌ、ピジョンがお泊まりにきました。ピジョンは電気を消したがりませんでしたが、フーヌは起きて、電気を消してしまいました。そしたらピジョンが不平を言いました。お母さんが壁を叩きました。そして、みんな眠りました。］

　バルがこの時点で新しい創意を発揮していることが見てとれます。読みのテクニックをもたない段階でも、興味がもて情熱を誘う活動が学校で行なわれていれば——それはかならずしも手仕事的なものばかりとはかぎりません——子どもはおのずとそれに没頭するものであることを、この事例は示しています。私たちがいろいろな出版物のなかで述べてきた「学校印刷」の実践は、そうしたかれらのイニシアティブをフルに活かしたものといえましょう。

　1936年4月30日、この日、年少クラスの子どもたちの手もとにアルファベット活字を収納した美しい活字箱が届いたのでした。活字はきちんと分類されていて、すぐにでも仕事にかかることができるようになっていま

す。バルは活字組みを手伝います。植字板のまえに陣取って考えだしたテクストはつぎのようなものでした。

  Max

  Max parle toujours
  de sonoto verte
  et rouge.
  Rrr!......

  [日本語訳＊マックス。マックスハ、自分ノ自動車ノコトバカリ話シテイマス。緑ト赤ノ車デス。ブルルル……]

　このテクストには、誤りがひとつしかありません。sonoto、これだけです。
　テクストが書き上がり、バルはつぎに活字組みを手伝います。活字を探すときの彼女の本能的な細心さは、ちょっとした見物というべきでしょう。

　マックスは自分の名前を活字に組むことができました。マックスは有頂天!
　「さあ、紙をちょうだい」と、マックスは言います。「ぼく、自分の名前を書いて、母さんにあげたいんだ」。
　「ほらね」と、誇らしげに植字架に見入ります。「これ、ぼくが組んだんだ!」。
　私はそのとき、その場に居合わせませんでした。戻ってきたときは、もう印刷されるばかりになっていました。バルは真剣な面持ちでプレスの下

に組版を配置しています。

「パパ、わたし、この子たちを読み書きできるようにしてあげたいな」と、バルは言います。

そのバルも、少なくとも傍から見るかぎりでは自分も読むことができないのですが、それでも小さな子どもたちを読めるようにしたいと言っているのです。以後、彼女は小さな子どもを誘いこんでは、文字をコピーしたりイラストを描いたりするようになります。それは子どもたちを満足させるものでした。

第28-2図［訳注＊手書きで「少女はクリニックにいます」と記されている］

11 レクチュール[読むこと]へ

　この経験からして、ふたつのことがわかります。
　自分にはいっこうに価値の感じられない言葉をたどたどしく痞読(つか)え読みする生真面目な生徒、和音の概念がなく、意味がまったくわからないままに、とにかく音符の字面だけは読める生徒と比較して、私たちは、バルは字が読めない、と診断しかねません。
　本当はこう言うべきなのでしょう。バルは形式的な読みのテストなんか、見向こうともしていないのです。そんなこと、たとえできたってどうということはないと感じているからです。でも、バルは現にたくさんの言葉を書いています。自分が理解できないことを書いているわけではありません。ですから彼女が読めることは明々白々です。彼女は、読むことについても、書くことについても、ゆっくりと時間をかけて実験的模索を行なっているのであって、その過程にこそ、私たちはたち返るべきなのです。
　まずパロール、生活を多様な、心沸き立つものにする手段としての話し言葉を通じて、子どもは文字の価値、意味、字面に親しんでいきます。この実験的模索の「最初の一歩」の深さと豊かさが基礎になって、そこから、その後の学習の迅速さと確かさが派生するのです。
　この「最初の一歩」をしっかりとふまえること、その段階を見くびったり無視したりしないことは、自然で、論理的にも理にかなったことなのですが、伝統的な読み書き教育の方法はしばしばそれを蔑ろにして、特殊に学校的な語ばかりを並べたてて、その枠のなかでの言語訓練に終始してしまっているのです。子どもが生きた場面をとおして言葉をマスターしてい

くときの、あの豊穣な果敢さには目もくれようとしないのです。
　さて、第二の段階。ここで子どもは自分が知っている言葉を文字に書くのですが、それはお手本を直接にたどることもありますし、音記号を組み立てて文字にすることもあります。いずれにしても、そのようにしてできるだけ完璧に、いわば「正式な」やり方で、それらの語を文字に書き表わそうとするわけです。
　子どもは知的な創意工夫とも呼べるみずからのエクリチュールと、本のお手本とを、たえず見くらべています。子どもが文字記号をよりよく認知し、真のレクチュールを、黙読であれ音読であれ、読解の能力を身につけていくのは、まさにそのことをとおしてなのです。
　読みの学習過程は、それゆえに、通常は以下のようなものになると言ってよいのではないでしょうか。

　　1＊そう、できるだけ迅速に、そしてきわめて豊かに、でも、生きた実験的模索という自然な方法だけに依拠して、語、語彙、フレーズを口言葉として表現する段階。

　　2＊そのことの延長として、今度は遠くにいる人宛に、同じ語、同じ語彙とフレーズを使って、それらの語を表わす文字を媒介にして行なう表現行為。この学習は形式的な授業には、まったく依拠していない。よい環境に恵まれていれば、この手探り経験はよりスムーズでダイナミックなものになる。

　　3＊見知らぬテクストのなかに、見覚えのあるいくつかの語の存在を見わける段階。

　見覚えのある、既知の単語はいくつかはあるのだけれど、それだけでは

なにが書かれているのかわかりませんから、子どもは、テクストは読めないし、読もうという気にもなりません。はじめて forêt（森）という文字を読んだときに、バルが指摘したのはそのことでした。バルは最初、それを〈for-te〉と読んだのですが、それじゃなんのことだかさっぱりわかりません。とうとう〈forêt〉と読んだものの、字面と音と、それが表わす意味とがひとつにつながらず、この文字にしっかり馴染むまでには、ちょっと時間がかかりました。

ようやく「うん、わたしわかったわ」と、彼女は頷きました。「読めないくせに、読めちゃうことって、よくあるのよね。字は読めるのに、なんのことだかわからないことって。だったら、読めないのと同じなのにね」。

無邪気なひと言、でも伝統的方法の痛いところを、ずばりと衝いた指摘です。

この過程は、一種の爆発現象に比定されるものです。現代の教育者のなかには、これをことのほか重要視し、学習の定石を決まって裏切る、いささか摩訶不思議なものと見なす人も少なくありません。

1936年12月3日、7歳3か月の時点で、バルにこの爆発現象が起こりました。バルは突然、1冊の本を手に取って、すらすらと読めること、書かれている内容、印刷されている内容をちゃんと理解できていることを、打ち消すべくもない明白さで証明してしまうのです。しかし、考えてもしっくりこない言葉に途中でぶつかると、彼女はそこで立ち止まって、これってどういうことなんだろうと考えこみ、つかえが解消して、もう一度、文の流れがスムーズに理解できるまではけっして先に読み進めようとはしませんでした。「ある秋の日、わたしは煙突から小人の――」と、バルは読みすすめて、「これ、どういうことなの？ サヴォアヤールって」と、そこで立ち止まります。わたしがサヴォア人について説明してあげると、はじめて先をつづける、といった具合です。

私たちは、理解なき音読という学校の手順はすべて省いて、一気に真の

意味での読みの段階に、すなわち手書きもしくは印刷された文字を音に置き換えるという不毛な練習ではなく、記号で表現された思考内容そのものに迫るという真の読みの段階に、一気に到達してしまったのです。

こうした読み方の習得プロセスは、教育的見地から見て、想像以上に重要なものでしょう。文字をたんに機械的に声に出して発音するという、いわば「逆立ちした」やり方で読み方を学んでしまった子どもは、とにかく声に出していえればそれでよいという考え方を押しつけられて、わかろうとわかるまいととにかく音読すること、外から言われたとおりに読んでいれば、それで語彙は増えるのだと強引に思いこまされてしまうのです！学校は、とどのつまりは、その成否にもっとも大きな重要性を与えているのであって、読みのテクニックも、実際のところは、声に出していえるかどうかの基準で評価されているのです。こうした多面的な配慮を欠いたやり方は、読みの力をいびつなものにしてしまう危険性をふくんでいます。

たしかに、これもまたひとつの達成ではあるのでしょう。しかし、そこに重大な危険がないとはいえないのです。この方法に従う子どもは、その結果、自分が理解してもいないことを読む習慣を身につけるでしょう。テクストの内容・意味を考えながらそこに踏みこんでいく以前に、その字面を機械的に棒読みしていくことになるでしょう。そうした習慣がいったん身についてしまうと、変なことをしていても、それを変とは感じなくなってしまうのです。

これに引きかえてバルの態度は、なんと確かで、知的で、そして人間的であることでしょう。わかりもしないことを読むなんて、そんなのイヤ、と彼女は拒否します。新しい言葉に出会ったら、先には進まないで、その意味を知ろうとします。その言葉で表現されている思想をつかむことに、なによりもこだわります。だって、そうやって文字という手段で思想を伝えあうのが、レクチュールの存在意義であり、人間精神の尊厳の証しなのですから。

この30年間、分析的方法に反対して、グローバルな読み方学習について多くが語られ、分析よりも全体化の方法が、子どもの精神活動のノーマルなあり方に適合しているという指摘が行なわれてきました。
　人は、たんなる予断でそう言っているだけなのかもしれません。私が自校の子どもたちの自然なプロセスに従って読みを学んでいく姿から判断するかぎりでは、そうそう決定的なことがいえるとは思えません。
　バルは厳密に全体化的な手順だけで読み書きを身につけたわけではありません。彼女の文字習得の過程をふり返ってみますと、そこには3つの局面があったことがわかります。第一の過程はたしかにグローバルなもので、自分が親しんでいる単語のグラフィックな書形や、自分が実際に使いたいと思っている言い回しを模倣して、それに馴染んでいくわけです。
　ついで第二の過程ではアクティブな再構成が行なわれています。最初は我流のやり方で単語や表現を音標文字に置き換えていくのですが、それがだんだんに完全なものになっていきます。これは要素の分析から出発して具体的な語の総合へと上昇していくエクササイズでしょう。
　第三の局面では、バルはもう一度、グローバルな同定作業に立ち戻っていきます。バルは、全然つかえずに読んでいきます。ということは、文字を1文字ずつたどりながら解読しているわけではない、ということです。彼女がそうしなければならないのだとすれば、それはすなわちその言葉がわからないということなのであって、ならばそんなものを読もうとするのは、そもそも無駄な努力だと心得ているのです。読むという行為は、表音文字に依拠して行なわれる以前は長いこと表意文字によって行なわれていました。その場合は、テクストの語を語単位で同定し認知して読んでいくほかはないわけですから、まさにグローバルな読みということになります。
　ひとつのやり方からもうひとつのやり方に、無闇にのめりこめばよいというわけではありません。形式の如何は、さして重要ではありません。グローバルな読み方を使って、多少なりともてっとり早く子どもに言葉の読

み方を覚えこませようとすれば、わかっていない言葉、生活と結びついていない言葉を多少ともうまく、嚙んで含めるように教えたとしても、その言葉が子どもにとって切実さを欠いている以上、弊害は伝統的な方法とまったく同じものになってしまうのです。さかしまなテクニックのおかげで、読み書き行為の根本にある意義がまことに見るも無残なものに歪曲されてしまうのです。

　私たちはこうしたことを十分に弁えながら、新しい読み書きのテクニックをあくまでも子どもの生活それ自体に根づいたものとして使いこなしていかなければなりません。

12 読み書きの技法の決定的な習得にむかって

　少しばかり遠回りをして、私たちはようやく読みの学習にたどり着くことになりました。

　バルはもう読むことができます。着実で実り豊かな彼女の読みは、ひとえに手探り経験に依拠したもので、その過程はこれからもつづいていくことになるでしょう。そうした経験には終わりというものがありません。私たちだって、いまでもなにかの文章を読んでいて、自分に覚えのない表現に出くわすことが頻繁にあるのですから。

　バルは、そうした実験的模索によって、みずからの読み書きの技法をより完全なものにしていきます。しかし、彼女がそれを行なうプロセスは、重層的なものになるでしょう。すでに自家薬籠中のものになっている語彙を書いたり読んだりすることとあわせて、もうひとつ、新しく出会った語をみずからの理解の範域にくり込んでいくのです。それまで知らなかった語が、その語を含んだフレーズの全体をより十全に理解しようとする努力の過程で、少しずつ意味がはっきりしたものになっていきます。口言葉のなかでも書かれた言語のなかでも、それは同じです。彼女は語義をきちんと定義できるわけではありませんが、感覚的に意味を察してはいるのです。そして、まさにそのことが重要なのです。同じ語が他のフレーズのなかでも使われていることを、彼女は別な機会に発見するでしょう。しかし、わずかに意味合いが違っていることも。それは同じ景色を、違った角度から、違った時間に二度三度と見ていくうちに、その風景がよくわかっていくのと同じ道理です。

このプロセスは、もしかすると新奇な段階の始まりのように見えるかもしれませんが、じつはまったく規則的なものなのです。つまり新しい語を取りこみながら読みの幅を広げていくことの結果として、さらなる取りこみ（＝理解）がひき起こされるのであって、それはまさに永遠回帰の過程なのです。

　ここでもう一度、エクリチュールの過程に立ち戻ることになります。書くことの完全な習得は長い時間を要する、複雑な仕事です。フランス語のような微妙で複雑な言語の場合は、とりわけそうでありましょう。
　バルは書くことで自己を表現することができます。彼女の書くものを、人は理解することができます。エクリチュールという魔法の術は、きちんとその機能を発揮していることになります。だが、もっと高くまで登りたい、もっともっと成功したい、いま目のまえにあるお手本にもっと比肩できる完成度を得たいという欲求を彼女がもつときには――学校が行なう教育は、こういう欲求を萎えさせて、しばしば破壊さえもしてしまうものなのですが――そこで立ち止まることはありえません。自分の使える表現とコミュニケーションの手段をさらに効果的なものにしようと、彼女は工夫をこらします。
　あなたがたのなかには、こんな心配をする人もいることでしょう。「でもね、へんな書き方をするのが癖になったらどうするんです。心理学者が忠告していますよね、いったん悪い癖がついてしまうと、間違いだらけの綴りやブロークンな話し方がすっかり身について、なかなかそこから脱却できないのだと。そのために、いつまでたっても読み書きの技術が進歩しないのだと。子どもに抜き打ちに書き取りのテストをすると、間違いだらけのスペルで、どんなに赤ペンを入れてもいっこうにそれが改まらないと、そんな文句をいつも先生がたは言っていますよね」。
　伝統的な学校でそういう危惧が抱かれるのは、あながち根拠のないこと

とはいえません。なにしろ伝統的な学校はすべての問題を矮小化し、これまでに私たちが見てきたように、読み書きの問題にたいしても逆立ちした発想で対処するのですから。純正な言語が子どもの周囲でいつも話されていれば、そしていつも正しい書き方の文章にふれていれば、子どもはかならず、正しいやり方を模倣するでしょう。考えていることと、それを表わす仕草とを一致させようとするのは、生命の一般法則ともいえる、やむにやまれぬ傾向性なのです。

　この進歩は、私が本書でるる述べてきた諸過程に条件づけられて具現していくものです。すなわち、

　　＊手探り経験
　　＊成功した試みの慎重であると同時に大胆な活用
　　＊足が枝につくまでは手を離さない
　　＊持ち前の行動力と環境が促す技能的向上をバネにして、
　　　あらゆることにおいて子どもが示す闊達な生命の躍動

　プロセスのリズムという点でいえば、伝統的な方法のほうが外見的には急テンポのように見えるかもしれません。ふたつの方法のあいだには性格の違いがあるからです。一方は内実を犠牲にして形式に執着しています。もう一方は形式と、個人の力と生命の充実、向上、そして均衡とを別なこととは見なしません。なによりも重要なのは、この個人の生命なのです。

　私たちは、バルのエクリチュールの過程をもう一度、ふり返ってみることにしましょう(それは書くことでの自己表現と全面的に結びついています)。バルが6歳4か月のときの文章、1936年1月1日のそれが私たちの手もとに残っています。

　手紙を書くときのバルは、私たちが述べてきた一般原則を、依然として長く遵守しています。最初の支点から足を踏みだし、いくつかの中継支点

を伝い歩きするという、あの原則です。途中に挿入されている文章は、印刷された文と同じように複製で、描線表記と見覚えのある文字の綴り、彼女にはまだ書き写すことしかできない口頭表現なのです。

この落書きの特徴はどのようなものでしょうか？　1年あまりのあいだに書かれた約50通の資料を分析していきますと、この段階での彼女のエクリチュールの様相がある程度見えてきます。

最初の10通の資料では(1月29日までのもの)、綴りが完全な文字はきわめて少数です。最初に覚えるのが親しい人たちの名前であること、それはまえにも指摘したとおりですが、それらの固有名詞を除くと、以下のようなものが残ります。

> samedi(土曜日) je t'embrasse fort(あなたに堅い抱擁を)
> chez(で) maman(お母さん) bien(よく)
> vendredi(金曜日) parti(出発した)
> enfants(子どもたち) c'est tout(それだけ)
> chère marraine(マレーヌへ) choses(もの・こと、ただし複数)

といった語です。

それ以外の場合では、バルは以下のような諸文字をその音価に従って利用するという、なんともあっけらかんとしたやり方で語を構成していきます。

　　＊be は、ve, fe としばしば混同されます。
　　＊c は、もっぱら k を表わします。
　　　ki, ke の音は ci, ce と書かれます。
　　　k とか qui という文字は当分のあいだは出てきません。
　　＊e は é, ai を同時に表わします。
　　＊g は、もっぱら gue のことです。

この30年間、分析的方法に反対して、グローバルな読み方学習について多くが語られ、分析よりも全体化の方法が、子どもの精神活動のノーマルなあり方に適合しているという指摘が行なわれてきました。

　人は、たんなる予断でそう言っているだけなのかもしれません。私が自校の子どもたちの自然なプロセスに従って読みを学んでいく姿から判断するかぎりでは、そうそう決定的なことがいえるとは思えません。

　バルは厳密に全体化的な手順だけで読み書きを身につけたわけではありません。彼女の文字習得の過程をふり返ってみますと、そこには3つの局面があったことがわかります。第一の過程はたしかにグローバルなもので、自分が親しんでいる単語のグラフィックな書形や、自分が実際に使いたいと思っている言い回しを模倣して、それに馴染んでいくわけです。

　ついで第二の過程ではアクティブな再構成が行なわれています。最初は我流のやり方で単語や表現を音標文字に置き換えていくのですが、それがだんだんに完全なものになっていきます。これは要素の分析から出発して具体的な語の総合へと上昇していくエクササイズでしょう。

　第三の局面では、バルはもう一度、グローバルな同定作業に立ち戻っていきます。バルは、全然つかえずに読んでいきます。ということは、文字を1文字ずつたどりながら解読しているわけではない、ということです。彼女がそうしなければならないのだとすれば、それはすなわちその言葉がわからないということなのであって、ならばそんなものを読もうとするのは、そもそも無駄な努力だと心得ているのです。読むという行為は、表音文字に依拠して行なわれる以前は長いこと表意文字によって行なわれていました。その場合は、テクストの語を語単位で同定し認知して読んでいくほかはないわけですから、まさにグローバルな読みということになります。

　ひとつのやり方からもうひとつのやり方に、無闇にのめりこめばよいというわけではありません。形式の如何は、さして重要ではありません。グローバルな読み方を使って、多少なりともてっとり早く子どもに言葉の読

み方を覚えこませようとすれば、わかっていない言葉、生活と結びついていない言葉を多少ともうまく、嚙んで含めるように教えたとしても、その言葉が子どもにとって切実さを欠いている以上、弊害は伝統的な方法とまったく同じものになってしまうのです。さかしまなテクニックのおかげで、読み書き行為の根本にある意義がまことに見るも無残なものに歪曲されてしまうのです。

　私たちはこうしたことを十分に弁えながら、新しい読み書きのテクニックをあくまでも子どもの生活それ自体に根づいたものとして使いこなしていかなければなりません。

12 読み書きの技法の決定的な習得にむかって

　少しばかり遠回りをして、私たちはようやく読みの学習にたどり着くことになりました。

　バルはもう読むことができます。着実で実り豊かな彼女の読みは、ひとえに手探り経験に依拠したもので、その過程はこれからもつづいていくことになるでしょう。そうした経験には終わりというものがありません。私たちだって、いまでもなにかの文章を読んでいて、自分に覚えのない表現に出くわすことが頻繁にあるのですから。

　バルは、そうした実験的模索によって、みずからの読み書きの技法をより完全なものにしていきます。しかし、彼女がそれを行なうプロセスは、重層的なものになるでしょう。すでに自家薬籠中のものになっている語彙を書いたり読んだりすることとあわせて、もうひとつ、新しく出会った語をみずからの理解の範域にくり込んでいくのです。それまで知らなかった語が、その語を含んだフレーズの全体をより十全に理解しようとする努力の過程で、少しずつ意味がはっきりしたものになっていきます。口言葉のなかでも書かれた言語のなかでも、それは同じです。彼女は語義をきちんと定義できるわけではありませんが、感覚的に意味を察してはいるのです。そして、まさにそのことが重要なのです。同じ語が他のフレーズのなかでも使われていることを、彼女は別な機会に発見するでしょう。しかし、わずかに意味合いが違っていることも。それは同じ景色を、違った角度から、違った時間に二度三度と見ていくうちに、その風景がよくわかっていくのと同じ道理です。

このプロセスは、もしかすると新奇な段階の始まりのように見えるかもしれませんが、じつはまったく規則的なものなのです。つまり新しい語を取りこみながら読みの幅を広げていくことの結果として、さらなる取りこみ（＝理解）がひき起こされるのであって、それはまさに永遠回帰の過程なのです。

　ここでもう一度、エクリチュールの過程に立ち戻ることになります。書くことの完全な習得は長い時間を要する、複雑な仕事です。フランス語のような微妙で複雑な言語の場合は、とりわけそうでありましょう。
　バルは書くことで自己を表現することができます。彼女の書くものを、人は理解することができます。エクリチュールという魔法の術は、きちんとその機能を発揮していることになります。だが、もっと高くまで登りたい、もっともっと成功したい、いま目のまえにあるお手本にもっと比肩できる完成度を得たいという欲求を彼女がもつときには——学校が行なう教育は、こういう欲求を萎えさせて、しばしば破壊さえもしてしまうものなのですが——そこで立ち止まることはありえません。自分の使える表現とコミュニケーションの手段をさらに効果的なものにしようと、彼女は工夫をこらします。
　あなたがたのなかには、こんな心配をする人もいることでしょう。「でもね、へんな書き方をするのが癖になったらどうするんです。心理学者が忠告していますよね、いったん悪い癖がついてしまうと、間違いだらけの綴りやブロークンな話し方がすっかり身について、なかなかそこから脱却できないのだと。そのために、いつまでたっても読み書きの技術が進歩しないのだと。子どもに抜き打ちに書き取りのテストをすると、間違いだらけのスペルで、どんなに赤ペンを入れてもいっこうにそれが改まらないと、そんな文句をいつも先生がたは言っていますよね」。
　伝統的な学校でそういう危惧が抱かれるのは、あながち根拠のないこと

とはいえません。なにしろ伝統的な学校はすべての問題を矮小化し、これまでに私たちが見てきたように、読み書きの問題にたいしても逆立ちした発想で対処するのですから。純正な言語が子どもの周囲でいつも話されていれば、そしていつも正しい書き方の文章にふれていれば、子どもはかならず、正しいやり方を模倣するでしょう。考えていることと、それを表わす仕草とを一致させようとするのは、生命の一般法則ともいえる、やむにやまれぬ傾向性なのです。

　この進歩は、私が本書でるる述べてきた諸過程に条件づけられて具現していくものです。すなわち、

　　　＊手探り経験
　　　＊成功した試みの慎重であると同時に大胆な活用
　　　＊足が枝につくまでは手を離さない
　　　＊持ち前の行動力と環境が促す技能的向上をバネにして、
　　　　あらゆることにおいて子どもが示す闊達な生命の躍動

　プロセスのリズムという点でいえば、伝統的な方法のほうが外見的には急テンポのように見えるかもしれません。ふたつの方法のあいだには性格の違いがあるからです。一方は内実を犠牲にして形式に執着しています。もう一方は形式と、個人の力と生命の充実、向上、そして均衡とを別なこととは見なしません。なによりも重要なのは、この個人の生命なのです。

　私たちは、バルのエクリチュールの過程をもう一度、ふり返ってみることにしましょう(それは書くことでの自己表現と全面的に結びついています)。バルが6歳4か月のときの文章、1936年1月1日のそれが私たちの手もとに残っています。

　手紙を書くときのバルは、私たちが述べてきた一般原則を、依然として長く遵守しています。最初の支点から足を踏みだし、いくつかの中継支点

を伝い歩きするという、あの原則です。途中に挿入されている文章は、印刷された文と同じように複製で、描線表記と見覚えのある文字の綴り、彼女にはまだ書き写すことしかできない口頭表現なのです。

この落書きの特徴はどのようなものでしょうか？　1年あまりのあいだに書かれた約50通の資料を分析していきますと、この段階での彼女のエクリチュールの様相がある程度見えてきます。

最初の10通の資料では（1月29日までのもの）、綴りが完全な文字はきわめて少数です。最初に覚えるのが親しい人たちの名前であること、それはまえにも指摘したとおりですが、それらの固有名詞を除くと、以下のようなものが残ります。

samedi（土曜日）je t'embrasse fort（あなたに堅い抱擁を）
chez（で）maman（お母さん）bien（よく）
vendredi（金曜日）parti（出発した）
enfants（子どもたち）c'est tout（それだけ）
chère marraine（マレーヌへ）choses（もの・こと、ただし複数）

といった語です。

それ以外の場合では、バルは以下のような諸文字をその音価に従って利用するという、なんともあっけらかんとしたやり方で語を構成していきます。

*be は、ve, fe としばしば混同されます。
*c は、もっぱら k を表わします。
 ki, ke の音は ci, ce と書かれます。
 k とか qui という文字は当分のあいだは出てきません。
*e は é, ai を同時に表わします。
*g は、もっぱら gue のことです。

ge gi go ga gué の相違は無視されています。
　＊h は、彼女にとっては無用の文字です。
　＊i は使われている。
　＊z という文字はまだ知られていません。
　　　J がその代用をしています。
　＊k という文字も知られていない。
　＊l は le のことです。
　＊m と n の音価は、me, ne となっています。
　＊o, p は pl でもあるらしい。
　＊q は que
　＊r, s, t, u, v は使われている。
　＊x, y, z という文字は未知です。

略符号はまだ使われていません。ou, on は使われていますが、oi, ni, in は、まだです。oir, ain, our, ar, pl, pr 等々もありません。

バルは il y a (あります) という言葉を書くときは、et la と書くでしょう (これはなんとかして音声を文字化しようとする試行錯誤を示すものです)。同じように langue (舌) は lave になります。cimetirélalave で、qui me tirait la langue (その子は私に舌を出してあかんべした) ということです。maintenant, je vais (いま行くわ) が、métenajavé に (これも音を近似的に表わした書き方で、あとになるとだんだん正確な表記になっていきます)、aujourd'hui (今日) は ojodu に、fait (〜した) は vé と、rangé は rayé と、depuis は depu と、parce que は pace、ce matin は ce maton、elle は et le、plus は pu、pleurait は peré、après は apèr と綴られています。いろいろと苦労して綴りを考えている様子がありありとうかがえます。travaille を travaiolle としたり travalle と書いたりするのもそうですし、cuisiné を couisiné とするのも、同じです。

その後3月20日にいたるまでのあいだに書き残された断片を見ますと、あらたに習得した正規の綴りのリストはさらに増えて、que, mieux, juge, venu, livre, marche, bonjour, mauvais temps などという語が加わっています。
　que が登場する反面、four（かまど）は our、「書いた」を意味する écrivait は et cri vé、つまり cri と表記されています。hier（昨日）の h は chire、ai が爾後は é と置き換え可能な表記となり、ain, qa（まだquaにならない）、au（aurevoire, bojédaut, mauvais）などが見られます。
　試行錯誤の特徴的な一例は、以下のようなものです。バルは、音声的にはかなり近似的に dé secargos という文字を書きます。しかし、すぐに de を単数不定冠詞に変えて un petit escargot（ひとつの小さな蝸牛）と書きかえました。同様に彼女は éteint（電気を消す）と書こうとして、この単語をどう表記したらよいのか、考えこみます。結局、et toin と書いてしまうのですが、ほんの多少だけ、それに似た便法といったところでしょうか。
　この断片のもうひとつの特徴は、音節をもはや長々と接合しなくなったということでしょう。語というものは、もっと短いものなんだ、と言いだすのです。その区切り方もかなりの無手勝流です。多少とも長い文節は、最初のうちは適当にちょん切っていきます。まぐれあたりで時にはうまくいくこともあります。頼れる経験はあまりないのですが。
　そういう手探りの一例を、第29図のなかに見ることができるでしょう。

　つぎの21から30までの10通の文章は、4月3日から10月27日にいたる、より長期の資料です。
　正しく書かれた語は、その間においてもつねに少数です。
　petite, petit, vous, théâtre, revenu, soigné monsieur, four, moi, nous les avons mangés, voyage, vrai, voir, lettre, demande といった諸語。

第29図

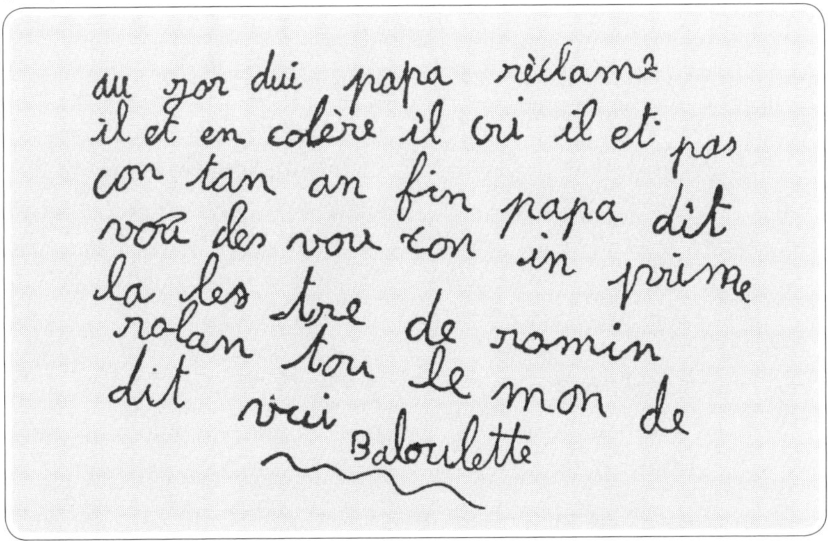

> au jor dui papa rèclame
> il et en colère il cri il et pas
> con tan an fin papa dit
> vou des vou con in prime
> la les tre de ramin
> rolan tou le mon de
> dit vui Baloulette

　それに引きかえ、暗中模索（こじつけ）の結果として捻り出された、じょじょに訂正されていく語のリストとして、以下のようなものがあります。écri, jantille, je mamuse, vous vous samusé, garson, sapèle, desin, mezon, bicaite, など。また、ch という文字が登場しています（che と a と o が結合して chacun, cheose などとなっています）。qu, que も使われていて、queo, quea となり、queomençait[訳注4]と書かれています。「今日」という単語もより正規の綴字に近い、aujord'hui に変化しています。

　語形にも音節の組み合わせにも、不断の進歩が見られます。どの場合にも、バルはすでにほぼ通用可能なレベルの文字の運用を心得ています。これはあれこれの言葉を思い起こそうとして口ごもり、結局、思うことが適切に表現できない学校生徒たち、ラテン語の論題で四苦八苦する大学生と

［訳注4］commencer「始める」の半過去？

は大違いです。

　はいはいする赤ちゃんは、私たちが驚嘆するような速さで進んでいくものです。バルはそれに匹敵する大胆さで猛進します。書き方が難しいからといって、彼女の思考が制約されるということはありません。なぜなら、正しかろうと間違っていようと、とにかく声に出せる言葉はすべて文字で表現してしまう手立てを考えだしているからです。彼女の文章はこうした手段を高度に使いこなして、子どもらしい思考と感情を自在に反映する記号表現になっています。

　　Cher Frédéric
　　Je mamuse bien ici il y a pas la guerre a resenan mè il faudrè que la guerre soi nulpar saserè an cormieux Jè me rè que tu reviène ici. On et bien mieux que laba parsque il ni a pas la guerre aumoin. Hausi ausi técri. Jacquot voudré bien técrire mè il ne sè pas. Je lui giderè la main et a Cricri aussi. Je manrapèle can tu nous portè sur ton dau. J'ai mai bien.
　　Hier et avant hier il a fait très baux.
　　Je nai pas antent du quan tu et venu nous dire bonsoire tous les petits et moi nous avont fait un baux paus de flere acoté de la coutoubia et on le change tout les jour
　　Je pense toujours à toi
　　Je t'embrasse bien fort

［訳注＊あまり自信がもてませんが、おおよその判読をしておきます。
「フレデリックへ。ここは戦争の怖い音がしないから、私はここが大好きです。でも、戦争はどこにだって、あってはいけませんよね。戦争がなければ、

もっと良いのにね。あなたがここに返ってきてくれたら、私、うれしいな。そちらよりも、ここのほうがずっといいわよ。だって少なくとも戦争がないのだから。また手紙を書くわね。ジャックもあなたに手紙を書きたがっているけれど、書けないの。手伝って書かせてあげるわ。あなたが私たちを背中でおんぶしてくれたときのことを、思いだすわ。私、あれが大好きだった。

　昨日も一昨日もとても良いお天気でした。

　でも、あなたがやって来て私や子どもたちみんなに、〈今晩は〉と言ってくれる声が聞こえてきません。私たちはみんなで、coutoubia の横にたくさん(?)の花を飾って、毎日、取り替えています。

　いつも、あなたのことを考えています。

　あなたに堅い抱擁を」]

　書いたら最後、綴りに訂正を加えるような努力を、バルは一切しようとしません。この点は教育者が心して尊重しなければならない大事なところです。もしもバルがそんな努力をしていたら、あたまの歯車がこんがらがって、ゲームの札がごちゃごちゃになりかねないでしょう。子どもがすっかり意気込んで、心に鮮明に浮かんでいることを自分の慣れた言葉で私たちに話して聞かせようとするときに、間違いを指摘してその話をさえぎり、大人の規範に従って言い直すようにさせたりしたら、あなたはとりも直さず子どものインスピレーションの出鼻を挫いていることになるのです。こうした言語のチェック機能は表現の技術が確かなものになるにつれて、おのずと生まれてくるものでしょう。自転車の乗り方を学ぶときには、やれ方向だとか、やれバランスだとかが、しきりに気になって、全身をそこに集中させてしまいます。バランスがとれてきて、からだが自動反射するようになると、自転車を漕ぐのは完全に歩くことの延長となり、第二の足になっていくわけです。歩行するときとまったく同じように、自由に話したりジェスチャーしたり、景色を眺めたりしても、なんの支障も生じません。

同じような状況に置かれたさいに自分に求めることができないような要求を、子どもたちにぶつけてはいけません。

　つぎの時期の資料31から40までは、1936年10月24日から11月26日までのあいだに書かれた文章です。

　綴りが完全な語は、相変わらず数が少ないです。froid, répondra, gare à toi, revenu, cinéma などという言葉です。

　暗中模索の語はなおもつづき、バルは on y est（そこにいる）と書こうとして、先だって覚えたばかりの hier（昨日）という語の綴りを流用し、音を似せて on ni hier と書きます。

* Lulu fé la carte de chè pacoi は fait la carte de j'sais pas quoi のことです。「ルルは、私にはなんのことやらわからない手紙を書く」。
* l'Internationale のつもりで、l'un tèrena sionale
* z という文字が現われます。この字があまりに便利なので、s が濁音の場合は z で代替する傾向があります。mezon, chaize, Elize, ses zenfants, Vallouize, faizait など。
* c と k と同音のときは、que がつねに c にとって代わるようになります。quelodine（Claudine）, chaqun（chacun）といったように。

（成功例は反復され、不満足な経験にとって代わる傾向があるのは先述のとおりです）

* au という文字も汎用されます。il daur, se rau pose（se reposeのこと）、rau garde（regarde）, praufite
* ai も同様。a prai（après）, je man rapaile（私はそれを思いだす）
* Ilia が ilia となり、ili y a から最後に il y a（「あります」）となっていく、手探り模索の全道程がうかがえる。

＊コレクションの第40番では（とはいっても、バルが40編しか書いていないということではありません。保管されたテクストの数は実際の作品数にはるかに及びません）、バルは au, an, oi, ail, ui, ur, ière, ai, z, qui, ier, ar, or などの表記を知り、それを正しく活用できるようになっています。

　略記号 ’ の使用は知られてはいるのですが、使いこなせてはいないようです。セディーユ記号 ç もときたま使われるだけです。eu は e で代替されています。ette という表記は知られていません。k もまだ出てきません。l'y という書き方が登場しています。無価の二重子音は使用されず、est のような動詞はすべて正書法に見合うかたちでは表記されていません。ai の使用もまだ不安定です。

　そうした留保点をのぞけば、ご覧のようにエクリチュールはつねにより精度を増し、判読可能なものに近づいています。音節の区切りもより規則的なものに改善されています。

　いまやバルはわが技法を自家薬籠中のものにして、きわめて柔軟にそれを使いこなしています。テクストは言いたいことを忠実に言い表わした思考表現になっています。それまでは、不十分な表現手段に条件づけられて、考えのほうもやはり規制されていたのです。芸術表現のテクニックだって、道具の使い勝手との折り合いのうえにかたちづくられるもの、筆、鉛筆、画筆、円ノミ、ノミ、ビュラン（金属彫刻用のノミ）で、それぞれに異なってきます。

　文章を書くときのバルは、ぐいぐいと書き進めていきます。考える速度と書く速度が同じなのです。私としては、こう言いたいのです。彼女は、正書法だの形式だのを気にかけて立ち止まることを、けっしてしないのだ、と。鉄を熱いうちに打つ鍛冶屋のようなものです。姿勢だとか金属の曲がり具合を矯正するために立ち止まることは、絶対にしないのです。といっ

ても、彼は盲滅法に槌を打っているのではありません。鍛冶屋の仕事ぶりは、長い手探り模索の経験の成果としてかたちづくられたものです。しかし、いまの瞬間において、バルは、あくまでもありのままのいまのバルなのです。一気に自己実現するか、それともすべてをやり直すか——思いきりのひとっ飛び。気に入ったらまたくり返す。もう一度、焼きを入れて、もっと念入りにまえの仕事を再現する。しかし、最初の表記も、内側からの飛躍の衝動には、道を譲らねばならない。それを裏切りたくないならば。

　これはすべての制覇に共通する論理というものでしょう。

　ここにもうひと束の資料があります。第41番から第50番までの文章です。

　正しく書かれた語の数は、着実に増えています。fait, voyage, là-bas, pèlerine, fais-tu?, même, feuille, talon, porte, chemin, mardi, portemine, petite, madame, cuisine, robe, texte, toi, grand mur, fera, chienne, chien, fille, fleur, demande, seconde, marcher, montrer, même, midi, presque, douche, pas, guerre, main, hier, avant-hier, il fait, très, nous, change, four, jeux などが正しく使われています。

　一方、まだ暗中模索中の語としては、auci, boucou, fautau, madrié, basin, a reusemen (heureusement), nulpar (nulle part), aumoin などが見られます。

　特殊な綴りはまだ知られていません。ler fleurs; il ple, par sec (parce que), fière, sel (seul), などと綴られています。gn という表記もまだのようです。l'accompagnait は、le con panier と綴られています。

　しかし、以下のテクストなどと見ると、個々の点でも全体的にも進歩が顕著であることがわかるでしょう。この時期の特徴として私が述べたように、彼女はたったの8分でこれを書いています［第30図はその冒頭部分］。

第30図

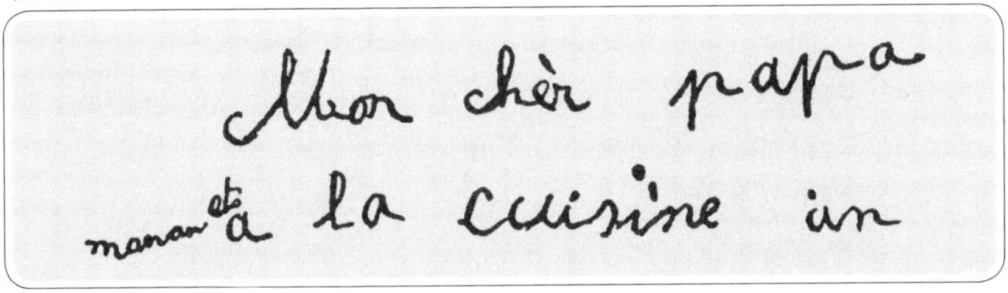

> *Mon cher papa*
> *maman et a la cuisine an*

Mon cher papa maman et a la cuisine an trin de faire la robe de Lucienne et de Fifine. a tu fai bon voyage tout le Monde te lan gi se matin on a fai un texte sur toi les grands et petits tout le Monde panse toujour à toi Jè fini ma con fai ran se fraidérique vin de graté le mur pour blanchire la sale amanjai. Janè a sé di. Maman et frédéric son a la cuisine.
Je t'embrasse bien fort fort fort.

［おとうさん。

　お母さんは台所でルシアンヌとフィフィーヌの洋服を縫っているところです。おとうさんの世界旅行はよい旅でしたか（3語不明で略）今朝あなたのことを作文に書きました。大人も子どもも、みんないつも、あなたのことを思っています。私は発表を済ませました。フレデリックが来て、壁のペンキ塗りをし、食堂を真っ白にしてくれました（不明）ママとフレデリックは台所にいます。堅い、堅い抱擁をあなたに。］

　さて、私たちが保存している最後のテクスト、1937年1月1日（7歳6か月）から5月10日（7歳9か月）のやや長めの文章を見ますと、以下のことがわかります。

正しく書かれている綴りは、以下のようなもの。j'ai l'escargot, malade, panier, souliers, tout abîmée, matin, table, chèvre, maison, poupon, demoiselles, qui fait l'école, revient, auto, chercher, journal, lait, chanson, papillon, pont, courir, salade, fruit, vite, chantera, vieille

まだ模索中の語としては、colection, bocou, on an a ancore, térose, on ana anio, papion（この語は2か月後にはpapillonになります）, longueman (longuement).

観察：ou, où, è, é が無頓着に混用されている。emè, je faisè といった具合。省略記号は、いまでは知られているものの、まれにしか使われていない。c はときとしていまでも que を表わす文字として使われ、また eu, er などの表記がわからないため、それらを省略記号 ' で代用してしまうこともあるようだ。an と en の使い分けもまだされていない。ph はまだ。また、y がときどき失念されるらしい。nettoyer（掃除スル）が netoillé となったり、balayer（清掃スル）が baleillé になってしまうのだ。tion という表記の出現（colection）、gn はまだ出てこない。

> Le cha et la souri
> le cha a vé a trapé une souri papa et ve nu
> a la sale dé petits et papa a dit laba ilia
> une petite souri le cha lucour a pré et il
> la toure ne de tou les coté. Voila que le chat serau
> pose et la souri prau fite pour sé cha pai et
> le cha si malin nerau garda pa la souri sé chapa
> et èle couré couré et le cha si bête chair cha
> de toules couin et le cha rèse ta tou baite
> et la souri été en trin petètre de ran contai

sonise toire et cèle la vè et cha tèt bèle
in sisoitile amène……et le cho toubète èla
écha pébèle aur voir souri et cha

［訳注＊猫とネズミというタイトルで、猫が子ネズミを捕まえようとしていること、お父さんが子ども部屋に来て、ネズミがいることを教えてくれたこと、猫がネズミをあちこち追いかけまわすところまではわかるのですが、その後が、私には判読できません。どうも大変なことになっているようなのですが。どなたか助けてくださいませんか(笑)。］

Chère Suzanne

［省略］

7歳9か月のこの時点では、エクリチュールはバルにとっては、ほとんど秘密ではありません。少なくとも私たちから見るかぎりでは、自然で合理的と言ってもかまわないエクリチュールになっています。第1次大戦後のフランスには文字簡素化の試みがあって、全面的にか部分的にかそれを採用して印刷された雑誌もあったのですが、それを思わせるものがあります。両者を比較すると面白いでしょう。

　　　ai=è　　g=gue　　au, eau = o
　　　s=ss　　e=eu　　en = an
　　　s=zの場合はz
　　　nio=gno　　c= que　　f=ph

第31図

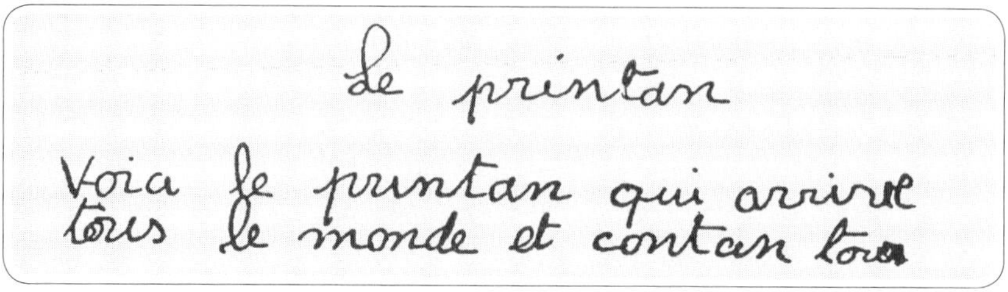

> le printan
> Voia le printan qui arrive
> tous le monde et contan tous

語尾の無価の文字の削除。動詞は口語における活用にしたがって、それと同価なものにする。同音の k への統一。この文字はたいへん便利なものですが、バルはまだ使っていません。

こうした条件つきではありますが、バルは実際に作文とエクリチュールの技術をものにして、いわば完全に——少なくともそれを彼女自身の言語として使いこなして、文章を書いています。彼女は一貫して本はあまり読みませんから、読書が進歩の要因として大きく影響しているとは思えません。

しかし、ある日の朝、バルはたった数分間でつぎのようなテクストを書きあげました。とりあえず原文のままで掲げましょう［第31図はその冒頭部分］。

Le printan

Voice le printan qui arrive
tous le monde et contan tous le monde
chante vien vite printan vien vite nous
réchofé qu'on se réchofe can le printan
viendra tous le monde chantera can le

printan partira tous le monde pleurra pauvre
petit anfant pouvre hiver can le printan partira
chanté, chanté chanté petits enfant qui avè le
ceur gé moi la vieille mémé je ne sé pabien chanté

このテクストは印刷用に選ばれました。そこで私たちは、それがいつもの流儀なのですが、若干の手を加えたうえで、彼女の文章を強い喚起力をもった一編の詩に仕上げました。

Le printemps arrive,
Tout le monde est content
Et chante,
Viens vite, printemps!
Quand le printemps viendra
Tout le monde chantera,
Quand le printemps partira
Tout le monde pleurera.
Chantez, petits enfants
Vous qui avez le cœur gai,
Moi, la vieille mémé,
Je ne sais pas bien chanter.

春が来る
だれもが大喜びで
歌う
春よ、早く来いと
春が来たら

きっと、みんなが歌いだす
春が行ってしまったら
みんな、泣いてしまう
子どもたちよ、歌っておくれ
元気な、子どもたちよ
わたし、年寄りのメメは
できないのだから、元気に歌うことなんて

13 この方法によってもたらされた到達点

　最後に綴字法という観点から、バルの学習の到達地点を、上記の諸資料をベースに総括しておきましょう。バルが正しく綴った単語の数は、7歳9か月の時点で116語です[訳注5]。

　しかし、これらのテクストのなかで使われている語は400語で、そのなかには上記の正しい綴りの語と、私たちの書き方を基準にして判断すれば、こじつけと思える表記とが含まれています。しかし、それらも十分に判読可能なレベルには近づいています[訳注6]。

　こうした使用語の多彩さこそが、実際問題としてはより重要なのでしょう。というのは、対象資料はバルが書き散らした文章の、あくまでもその一部にすぎないからです。彼女がなんと自然に、なんとやすやすと、新しい語を自己流のやり方で書ききってしまうかを思うとき、私たちははっきりとこう言い切ることができるでしょう。この年齢段階の彼女は、これからの生活に必要なつぎなる学習の素地を十分によく培っていると。
　彼女は正規のフランス語のもっとも複雑な難所をもくぐり抜けてしまっています。私がこの分析を書いているいま、バルは13歳と4か月ですが、伝統的な学校の標準的な生徒とくらべて、字体においても、シンタックス

　　　[訳注5]リストは省略
　　　[訳注6]400語のリスト。こちらのリストでは、熟語も1語として数えています。
　　　　あまりにスペースをとりすぎますので、ここでは省略させていただきます。

や綴字法においても、なんら引けをとるところはありません。より進んでいる、などと主張するつもりは、まったくありません。そんなことは、なにもしてこなかった、ということです。学校的なトレーニングはいささかも奨励してきませんでしたし、ことさらに読書への趣味を煽ることもしませんでした。ただ、仕事への、美術的・音楽的表現への適性、総合的な直感力と理解力を発展させることだけを心がけてきたのです。ですから彼女は料理も裁縫もできます。アイロンがけも編み物も、糸紡ぎも、家事も、子どもの世話もしますし、お絵描き、駆けっこ、遊びもします──それにまた、よく省察し、判断するのが得意です。これが最良の、そしてもっとも決定的な学習成果だと私たちは考えています。

　しかし、(学科的な)学習という観点から言っても、彼女の進歩はごく標準的なものです。もっともその標準なるものが、少し異なっているのですが。

　たとえば、彼女は文法の規則なんて、なにひとつ知りません。しかし、第2級給費生試験の書き取りテストでの彼女の誤りは2、3にとどまりました。学校的な言い方をすれば、これはほぼ年齢相応のことといえるでしょう。彼女は、一方では直観で、他方では感覚的な勘で、規則を踏んだ文にしてしまっているのです。この行動様式は、模索経験、手探り的な表現と創造の経験がもたらす当然の結果であり、到達点であって──つまりは成功の証しであって──私たちはまさにそれをこそ、自分たちの教育体系の中心に据えてきたのです。

　教育者のみなさんがたよ、この文法知識のなさを欠陥とはとらえないでいただきたいものです。逆に胸に手を当てて、よく考えていただきたい。専門家だの先生だのの文法の授業を受けるまでもなく、大人も、じつはバルと同じことをしているのではないか、と。

　私たちはたしかに文法規則を学んできました。しかし、いざというとき、はたして正しい語法で書けているか、動詞の綴りはこれでよいのか知りた

くなったときに、傍らの吸い取り紙に下書きをしたり、あれこれのフレーズを並べ変え、je(わたし)をまえに置いたり vous(あなた)をまえに置いたり、ひとりで首を捻ったすえのすえに、いちばんよいと思う言い方を決定するのではないでしょうか。

　もしかすると、こう言われるかもしれません。綴りなら、大人はいつでも辞書を引くことができる、でも、文法規則がないと正しい文なんて構成できない、と。

　綴りがそうであるように、統辞法もまた経験的な模索、推敲の場数を踏むことによってしか習得できないものであること、文法の規則などと言っても例外だらけで千変万化、結局のところ落ち着きの善し悪しを見きわめる直感力に頼るほかはないことを、数多の決定的な事例で証明するのはいとも簡単です。もしもある作家の文章が論理文法分析の対象として切り刻まれ、語相互の配列が正しく行なわれているかどうかを検証されることになったとしたら――仮にそういうことがあったとして、ですが――私としてはお悔やみでも言うほかはありません。それは、芸術的着想の展開すべてを絞め殺すものです。

　作家は内なる着想を紙の上に書き表わします。それを読み返し、言葉のバランス、構造、調和を確かめます。自分が抱いているイメージと文章とが完全に一致したと判断するまで推敲を重ね、そのうえではじめてそれを外に出すのです。

　たとえ学校的な観点から見ても、私たちの教育方法がバルの発達になんの障害も与えていないことを、以上の説明からもわかっていただけるものと信じます。この方法は、彼女に独創性と好奇心、総合的な理解力と芸術的創造力をもたらしました。これはいくら尊重してもしきれないくらい貴重な資質というものでしょう。

14 | 教育学的結論

　以上の観点から教育学的結論を引きだすまえに、これまで細かく分析してきた読み書きの発達過程を手短かに要約しておきましょう。いたずら書きによる描線表記から文字表現へ、そしてそこから手書きか、もしくは印刷された思想の理解へ、すなわち本格的なレクチュール(読むこと)へ、という道程でした。

1＊もっぱら自然に任せた最初の言語習得、恵まれた環境のなかで経験されるこの手探り模索に勝る科学的方法なんて、あった例しがないのです。

2＊2歳くらいになると、手と指の動きが分化して、壁、砂、紙などにいたずら書きをしはじめます。多かれ少なかれ気紛れな、自動的な描線表記です。

3＊4歳くらいになると、お絵描き(デッサン)が現われはじめ、言語発達を司るそれと同じ原理で、しだいに整ったものになっていきます。

　　＊最初の自動的ないたずら書きから、偶然なのかどうなのか、結合した記号のようなものがはじめて浮上し、それらはくり返し再製されるようになる。
　　＊いろいろないたずら書きが相互に並列したり、瓦のように積み重ねられたりして、その併存が分化をひき起こすことになる。

＊この時期のデッサンはあくまでも手の活動にすぎない。多かれ少なかれ、ある種の心理的衝動に突き動かされたものなのだろう。アプリオリな着想によって生まれたものではないし、それに導かれたものでもない。それに施される説明はすべて事後的に与えられたもので、しばしば言い訳的な説明にすぎず、当の作品を解明する手がかりになるとはかぎらない。

＊子どもが手、鉛筆を使いこなし、お絵描きのテクニックを満足にマスターするようになるのは、より後のことだ。その段階になると、絵はある種の言語となり始める。すなわち、思考や感情の絵による表現に変わっていくわけだ。

＊このデッサンと言語表現とは、同じプロセスをたどりながら発展し、高度化していくことになる。

4＊環境によっても違ってきますし、当然、子どもの適性によっても異なるでしょうが、だいたい5歳から6歳のあたりで、子どもはもっと違う表現の手段があるのだと気づくようになります。この表現手段は、絵と並んで発展するものですが、しかし、その習得と成功は絵の発展とは独立に獲得されていくことになるでしょう。

　文字表現の場合は、創造性という側面はより少なくなります。
　新しい技術は社会環境の必要性に直接的に条件づけられていて、その形式はすでに固定されていて、勝手に変えることのできないものです。学習と進歩の推進力は、まさにそこから、模倣の欲求、社会との結合、表現、そして最終的に交信への欲求から生まれてくることになるでしょう（学校印刷機という技術は、この交信への欲求をひき起こし、育んでいくものです）。
　この学習過程は、以下のような諸段階を経ることになるでしょう。

＊大人のやり方を模倣した覚束ない描線表記（バルの場合、それは下線つきのサインだったが、他の子どもの場合は、その子の境遇に応じた別なものが模倣の対象になるだろう）。

＊多少は整っているが、ぐちゃぐちゃした波線。階段状に重なっていたり、コルク栓抜きの先のようにひん曲がっている。線には分化が見られない。

＊はじめて分化した記号のようなものが現われる。それがその後の躍進の支点となるのだ。いずれも手っとり早く覚えやすい簡単な記号で、t, o, e, l, i といった文字だ。記号が現われる順序は周囲の外的な事情に影響されるのかもしれないし、たまたまの成功に促されたのかもしれないが、書きやすさということが一番の動機だろう。基本になっているのは原初的な手の動き、一本線とマルだ。他の文字に先駆けて棒とマルだけで構成された数字、1、4、8、0、7などが登場するのも、同じ理由からだろう。

＊大人や友だちの、あるいは本やノートに書かれたお気に入りのモデルを引き写す。最初に書き方を覚えた語、とりわけ固有名詞であることが多い。

＊子どもは新しい道具を——たとえ粗雑なものであれ——自分の目的のために利用したいという願望を示す。まずは手紙を書きたい。絵の説明をしたい。それから印刷するための文を創作したい。子どもはあり合わせの道具を、なんでも利用する。既知の言葉を枠組みとして、あるいは中継地として利用して、そこにつかまってつぎの一歩を踏みだす。

＊こんな調子でいくつかの語をなぞり書きしていくうちに、子どもはだんだんと気づいていくのだ。それぞれの文字はその文字に独特な音声を表わしているらしい、と。音声を組み合わせるようにして文字を組み合わせていくと、言語を書き表わすことができる

に違いない、と。そこで子どもは音声を文字に綴って語や句を組み立てていく。

　それまでは模倣と引き写しでしかなかったエクリチュールは、表現を目的とする創造的接合という新しい段階に入っていくのだ。

　　＊音声は、最初は無作為に集列化されたアルファベット文字の連なりとして表記されるか、まえもって区画された支点もしくは中継点を結んで連記された諸文字によって表現される。
　　＊文字の利用と組み合わせ方は主として手探りをとおして上達していくが、周囲の人びとが技術的・物的にそれを助けると、上達はより早くなるだろう。
　　＊文字表記は、大まかに言うと以下のような順序で上達していくようだ。
　　　o a be ce(ke) de fe(もしくは v あるいは le) ge(gue) i je le me ne pe re se(sse) te u ve é è(ai) mi mu mo ni nu no(ne は ne と書かれたり n と書かれるが、同じように m も me…と音節変化する)、— b bo ba bu — l lo la lu li — d do da du di — f fo fa fu fi — g go ga gu — r ro ra ru ri — v vo va ve vi vu — s so sa su si — j jo ja ji ju — an in ou oi on — tr pl fi cr ek…… — z h ei ch ai er es el q — que gue ill au y x gne oin om

　もうこの段階では、子どもは十分に記号表現ができるようになっていて、文字で表現することをためらいません。eau, eu, ph, en, ain といった微妙な綴りもできるようになっていて、ついには動詞の語尾変化も正しく書くようになります。

　経験と観察をさらにつけ加えていくならば、私たちのテクニックはもっ

と正確さを増していくでしょうが、これだけのことを見ても、新しい方法の利点と効果の大きさは明瞭です。

　突破すべき難関を級列化する、読み方教育のリーフレットもどきの解説をここでまたぞろ行なうわけではありません。本来、個人ごとに異なるプロセスに、それは一網打尽の規則を押しつけるものです。しかしながら、だれもがたどるある種の一般的なラインというものはあるのであって、それを明晰に意識しておくことは必要でしょう。

15 自然な、新しい方式

新しい諸原理

1＊伝統的な学校では、読むことから書くことへという順序が、文字を学ぶ正常な道筋のように思われているのですが、これは全然、正常なものではありません。まずは声の言葉による思想表現があり、デッサンがあり、ついで文字が書かれるようになり、最後の最後に書かれた語や句を見て、そこに表現されている思想を理解するという行為、つまり固有の意味での読み(lecture)に至るのです。

2＊この新しい道での子どもの歩みは、なにほどか理詰めの原理にもとづいてではなく、手探りの経験をとおして、成功した試みのくり返し、進歩と調和、大胆であることと慎重であることとのバランス、モデルとなる大人の行動をできるだけ完璧に真似しようとする模倣本能にもとづいて、実現されるのです。

3＊しかし、この実験的模索は、不断の内的動機づけを前提として成り立ちます。最初の段階では、それはより完全にやり遂げようとする意思、子どもの力への欲求です。第二の段階では、交信というもの、そしてそのためのテクニックの領有が、動機づけになります。まさにそれこそが、読み書き行為のそもそもの存在理由でありましょう。

4＊私たちの教育行動の主導原理となるこの実験的模索は、以下のことを前提として行なわれます。

＊学校生活が、できるだけ緊密に、周囲の生活環境に統合されていること。
＊発達の諸段階に応じて、子どもが活用できる新しい器材がつねに用意されていること。
＊それぞれの方面での模範となるような、できるだけ完全なお手本が存在すること。話し方、書き方、読み方、音楽、デッサン、一般的な立ち居振る舞い、などなど。
＊周囲のものがそうした模索を助ける姿勢を示していること。まずあげられるのは家庭であろうが、私たちの仕事に引きつけていえば、とりわけ重要なのは学校での大人たちの態度である。

5＊文法・統辞法の規則は、この低年齢段階ではまったく用をなしません（無用である以上、それを行なうことは、とりわけそれが強制的措置をともなう場合は、かえって有害である）。

＊規則は外側から、抽象的な死物として教えられるものではない。ひとが言語の規則を学ぶのは、その言語環境のなかに漬かり、実際に言葉を使うことをとおしてであり、それ以外にはないのだ。認識する以前に使ってしまっているのである。もっと大きな子どもたちにおいてさえ、規則は実地の経験をとおして、より効果的に習得されるのである。

学校はもったいをつけては、知的なものから出発します。理論とか、抽象的な科学から出発して、多少なりとも実際にかかわりあう事柄に手を伸

ばしていくのです。こんな進み方は正常ではありません。新しい自然方式は、正常な生活から、自然で複合的な生活から出発して、分化、比較、探査、そして法則性へと上向していきます。

　学校的倒錯を修正することによって、私たちの民衆教育学は大きな勝利を収めることになるのです。

器材とテクニック

　幼児と低学年クラスにお勧めしたい新しいテクニックをもう少しくわしく述べておきたいと思います。私たちの提案の実際的な意義を知っていただきたいので、テクニックの大まかな輪郭を箇条書きにしておきましょう。

1＊私たちが提唱する自然な読み書きの方法は、本質的には生命そのものの理法なのです。

　子どもが話すことを覚えていくときのことを考えてください。発音器官と心身の機能と、周囲の人的環境のすべてを最大限に活用して、自分の力をたえず高めていきます。読み書きにおいてもまったく同じです。子どもは上述のようなやり方で、力強く豊穣な生命力をフルに活用し、また周囲の人びとの援助をも受けながら、迅速かつ確実に、このうえなく巧みにバランスをとって、上へ上へと登っていくのです。

　私たちは生命のはたらきに執着します。伝統的な学習方法はすこぶる受動的で、真の問題はどこかに棚あげ、そのためにあまりにもしばしばある種の客観的形式主義に陥っていきます。科学的な外見を誇るそれは、本質的な学びに向けて子どもの生命力を高め、開発するかわりに、それにブレーキをかけてしまうのです。

　子どもたちが生き生きとして——身体的にも心理的にも——バランスがとれていればいるほど、実験的模索は豊かなものになります。家族のなか

でも、社会でも、また学校でも、彼らの生に寄り添う許容的で助成的な環境を組織するならば、子どもの言語の習得はより迅速でより確かなものになります。読み書きの習得も同じこと、それだけ速く、それだけ確実なものになっていくことでしょう。

　こんな主張もないわけではありません。言語知識が多ければ、子どもはそれだけ速やかに読み書きのテクニックを覚えていくに違いない、と。残念ながら、これは短見にすぎません。発達ということのありようを危険なまでに矮小化しています。けだし言語は、あるいのちを帯びることで発動するものです。使いもしない単語を無闇に詰めこんでも、頭が痛くなるような例文を闇雲に覚えさせても、頭でっかちをつくるのが落ちで、かえって言葉は、子どもの生活そのものからますます遠のいてしまうのです。人間の生活を映しだし、それを動かしていくものこそ、言語であるはずなのに。

　見てくれの知識量は多いのに、読み書き行為がそれに対応して正常に発達していない場合が、あまりにも多いのです。生活からさまざまな刺激を受け、学校的な錯誤の轍から身を翻すことができれば、話は別ですが。だから私たちは言いたいのです。子どもの生活の富こそが、読み書きの自然な習得を可能にする原資なのだ、と——人間とその環境との、特別に配慮された最大限のぞましい平衡関係、環境が子どもに提示するもろもろの可能性、つまりはその対し方こそが、言語学習の原資なのだ、と。

　子ども時代の輝きに満ちた生命を高め、組織し、調和させましょう。そのことによって、読み書き技術の習得はより容易なものになるのです。

　それゆえに、私たちに求められることは、

　　　＊教師の社会的行動の必要性。
　　　　物的条件を整備し、家庭における子どもの道徳的・物質的状況
　　　　を改善するためのはたらきかけを行なうこと。

＊仲間を募り、「子どもの保留地」(réserves d'enfants)を組織すること。私たちは、すでに多くの出版物をとおして、その必要性を訴えてきた。

＊私たちの学校をより生き生きしたものに変えていくこと。私たちが提唱するテクニックに依拠して、その生活をより豊かで、より複合的なものにしていくこと。

2＊言うまでもありませんが、言語は子どもが周囲の環境との関係を築いていくうえでの不可欠の足場です。学校は、言語の発展を軽視するどころか、その発展にこそ寄与すべきなのです。とはいえ学校一流のあの小うるさい形式主義を順守したままで暴走すると、言語学習は生活離れを起こしてしまう危険性があるのです。

まさにこの生活——学校の生活だけでなく、自然、社会、そして感受性がひとつになった統一体としての生活こそが、言語教育の控え壁となるのです。

それはまた新しい学校組織を求めます。これまでとは違ったコンセプトで環境を整備し、違った道具を使い、また個人と個人、個人と外的環境とを違った仕方で結びつけ、関係づけるのです。

この環境の組み替えにこそ、私たちは高度に集中して教育的関心を差し向けなければならないのです。

3＊しかし、親や社会が学校に寄せている期待が、ある文化の習得、この段階でいえば読み書きの技術の習得という特定目的をもった教育であり、そのための特別に効果的な行動であることを、私たちはけっして忘れようとしているのではありません。

私たちの学校は、生活の富を手離すことなく、しかも、そうした特化した要請にも応えうる活動に立ち向かっていくことになるでしょう。だから

こそ私たちは、新しい手だてを、経験的に明らかになった新しいやり方を準用しているのです。

4＊デッサンをとおしての表現とコミュニケーションに向けて。

　子どもに黒板を自由に使わせます。そう、チョークも。紙、それから鉛筆。色はどれでもお好きなものを。クレヨンもよいし、色鉛筆でもいい。放っておいても、子どもは描きはじめます。たしかに最初の一歩がなければ、なにごとも始まりません。でも、その最初の一歩は子どもの一歩なのであって、私たちの一歩ではありません。授業も、赤ペンも、評価だのも、すべて無用。成功感はたとえ一時的なものであっても不可欠ですが、それもまた子ども自身の実感に委ねること。私たちの援助は模倣するに足るお手本を提供すること。自分の手と指を使って、あんなふうにやってみたいと子どもに思わせるモデルを提供することだけです。そうすることで子どもは、もっと高まりたい、もっと完全なものを仕上げたいという強い欲求をたえず感じるようになるのです。

　子どもが棒くいを登るのを見守りましょう。手助けは難しいところだけ。できるだけ早く確実に登っていくための手助けにかぎります。

　よりよい表現を追求する気持ちを培うことで、子どものデッサンへの嗜好を高め、満足させていく手段として、ふたつのことが考えられます。

　複写機(un appareil de polycopie)を入手されてはいかがですか。いちばんよく描けた、いちばん表現が豊かなデッサンを、色刷りで転写するのです。

　もしくはリモグラフ(limographe)を買うという手もあります。色は出ず、線(と必要ならば影)しか出せません。この器械の利点はより簡便であることと、一度に大量の複製ができるということです。1枚の押版から、20部、30部のコピーを印刷することができます。

　あなたがまず目撃するのは、奇蹟をまえにして驚嘆する子どもたちの姿

です。だって描きあげた絵がたちどころに、そっくりそのまま再製されてしまうのですから——自分の作品がたくさんの人手に渡って面目をほどこすときの幼い作者の胸のうちを想像してみようではありませんか。この感情は、印刷の面白さ、ポリコピーやリモグラフィーの不思議と相乗して、それそのものが、描くこと、創造し表現して周りの人びとと触れあうことへの比類なき刺激となるに相違ないのです。

　子どもは各自が、差しこみ式のルーズリーフをもち、やがてそれは本物の自分の蔵書となるのです。古めかしい綴字練習帳なんて、もう御用済みです。来る日ごとに謄写された新しいデッサンの写しが——自分のであったり、友だちのであったりするのですが——綴じこまれていきます。とはいえ写しを受け取るや否や、子どもはただちにそれに色を塗り、言うなれば自家用のものに変えてしまうのです。他人の作品をつくりかえて、元の作者には専属しないものにしてしまうのです。

　同じ写しの一部はていねいな彩色をほどこされ、教室の壁を飾りますし、他の一部は親向けに、あるいは学校間で交信されます。

　こうした活動は、私たちが学校用に開発した新しい器具によって実行可能なものになったのですが、それは、自分を表現する作品を、少なくともなにほどか自分の気持ちや人となりを表現している作品を、つくりだし、所有し、伝えたいという欲求をひじょうに刺激するものとなります。

　伝統的な学校はつねに生徒たちを採点し、罰して、彼らに自分を不完全な存在、無力な存在と感じさせます。こうした危険なまでに劣等感を植えつけるやり方を、私たちは徹底的に遠ざけて、子どもの創造的な力を高め、彼らの成功を助け、自分の可能性に気づかせます。私たちは生を「支援する」のです。障害にうち克ち、より高くよじ登ろうとする子どもの生命を支援するのです。

　もうひとつの手段は、リノ版画です。複写したいデッサンを、リノリウム版の上面に置きます。私たちが用意した道具を使い、手引き書に書かれ

た要領にしたがって、各自が図柄を板に掘りこんでいきます。つぎに私たちが特別に考案した簡便な器材を使って、印刷インクを塗って押版していきます。仕上がりは複写機よりもきれいなものになります。できた版画に色を塗ると、絵はいっそう引き立ちます。

　こうしたテクニックの利用は、特別な絵の才能を必要とするわけではありません。かと言って、教育者の芸術的資質なんてなくてよい、ということにはなりません。教師の芸術的資質が豊かであれば、生徒に差し伸べる支援の手もそれだけ豊かなものになるでしょう。しかし、こうした資質がない場合でも、絵を描く画材があって、上記のような器材でそれを複製でき、それらの絵のなかからよいものを選んで広く配るという活動が、子どもに目標を与え、彼らを創造に向けてかりたてる糧となり推力となるのです。彼らが求める目標は、かならず達成されるでしょう。描かれた絵はより表現豊かなものになり、第二の段階、すなわち読み書き行為への下準備という役割をも立派に果たすことになるでしょう。

5＊書くこと。デッサンの複写と配布、遠くの学校への定期的な郵送、交信相手に向けて書く手紙——といっても、最初はもっぱら教師が子どものいうことを書き取って、それを本人たちが書き写したものなのですが——それらの活動のすべてが、生徒たちを書くことに向けて、デッサンから自立したエクリチュールに向けて、動機づける力になっていきます。

　まえにも述べたように、子どもが最初に関心をもつのは固有名詞とよく使う単語です。私たちは、黒板に、カードに、その文字を書いてあげましょう。印刷してみましょう。生徒たちがたっぷりとそれに浸かり、つかんで、模写して、そのかたちをすっかり覚えこんでしまうために。

　この模倣の段階をこえて表現に向けてのさらなる一歩を進めるために、私たちはひじょうに頻繁に——少なくとも日に一度は——子どもたちの意見、おしゃべり、感情、口頭での、もしくは手真似での表現を文字に写し

て黒板に書きだすことにしています。そうすると黒板に「描かれた」語や文が、意味をもった言葉として、子どもたちの精神のなかに、耳のなかに、からだの記憶のなかに、しっくりとした共鳴音を呼びおこすことになるのです。子どもたちは思考と文字との関係を意識するようになります。新しい文字のかたちに馴染んでくると、今度は同じようなやり方で、自分でも書いてみたくてたまらなくなるのです。エクリチュールの発生と発達というこのかんのいきさつは、まえにも見てきたとおりです。

　しかし、書くために書くのはやめましょう。たとえ言葉が子どもの言葉であっても、です。練習のために「書く」は、たちまち義務に堕してしまいかねないからです。わざわざ文字に書くのですから、どうしても書く目的が、しかも自然な目的がなければなりません。それは自分の考えを学校の壁の彼方に伝え届けることを措いてほかにはないでしょう。教室の狭い世界の向こう側に声を届けようとするときに、文字はより有用なものとなるでしょう。

　まだこの年齢では、教科書に準拠した文字練習帳を子どもに持たせるわけにはいきません。書いたり書き写したりしても、覚束ないことおびただしく、子どもたちは自分の下手さかげんを気にするものです。あまりぱっとしないノートの字面に子どもは幻滅するに相違ありません。

　してやったりという感じをもつためには、複写機、リモグラフ、そしてもっとよいのは印刷機を利用するということです。

　さあ、そうすると奇蹟が起こります。なかなか解けない知恵の輪が、すっとほどけてしまうのです。黒板に書かれたテクストは、ほかでもなく自分たちがいったことなのですから、一から十までよくわかります。それが複写されたり、活字に組まれて印刷されたりします。白と黒でくっきりと印刷されたページの字面に、子どもは美しい装飾をほどこし、生活の本に綴じこみます。それは、素敵なぼくの本、わたしの宝物となります——配布もされます。ひとつの作品として、あるいは雑誌のかたちで、親に配ら

れることもあり、学校間通信をとおして、遠くの地方の子どもたちに悦ばれることもあります。

　さあ、そうなれば、子どもはもう自分を表現したくてたまりません。自分の言葉が黒板に書かれ、複写され、印刷される。その手応えを感じたくてなりません。うん、ぼくも聞いてもらえるんだ。わたしの意見に、みんな感心してくれたよ。子どもはその成功に熱中します。新しい技術的手段が、成功を恒常的なものにしてくれます。手書きのテクストを読んで、印刷されたそれと見くらべたいとも思うようになります。交信先から送られてきた手紙の、文字裏にこめられた相手の考えを見抜きたいとも思うようになります。それから、今度は自分もそんな手紙を書きたくなります——もう、子どもの生命はまえに向かって弾んでいます。あとはただ、常時、孵化を助けてあげればよいのです。

　複製というかたちをとったこのエクリチュールは、ますますもって完全な、ますますもって実効性の高い表現の手段となっていくことでしょう。授業なんか、なくともです！　授業は——あれは既成事実の列挙であり、実験した結果を子ども向けに按配して並べたものにすぎません——たかだか私たちの技術上の誤りや至らなさを補正したり、低迷や迷走を防ぐための措置でしかありえず、それ以上の意味をもたせるべきではありません。要するにやむをえないときにとる手だてなのです。私たちの自然方式は、そんなものなしでも、十分にやっていきます。この「授業」という、学校が相変わらず執着している聖遺物的慣行が、どれほどに有用なもので、どれくらい効果の薄いものなのか、ちょっと検証してみる必要がありそうです。

6＊読みへの挑戦——これももう、とうに子どものなかで始まっています。私たちが想像するよりもずっと前方に、彼らが進んでいることは明らかです。

子どもは複製器械を使いながら、そして活字の組み立て方を習いながら、そのことに動機づけられて自然に書くことを覚えてしまうのです。彼らは、自分が見知ったばかりの文字を、本、新聞のなか、交信相手からの手紙や印刷物のなかに見つけ、それと引きくらべます。

　ここには微妙で、しかし、永続的な——子どもが正しい言語に、安定した足どりに行き着く以前に行なう無慮無数の練習よりももっと測りがたい、ある活動があるのです。手紙のなかに表現されている思想を、ある程度まで、子どもは見抜いてしまいます。ただざっと一瞥をくれるだけで、ある程度まで、わかってしまうのです。内容を言ってみせたりします。きちんと1語1語を読めるわけではないのに、です。

　ごらんのように、現代の教育学が黙読と呼んでいるもの、文字テクストの意味を認知し見抜いていく態度が、本質的に先取りされてしまっています。この認知が論理的推論によるものか、視覚的直観か、それともその両方なのかは、このさいはどうでもよいことでしょう。重要なのは、文字によるコミュニケーションという神秘の扉を開く魔法の鍵を、子どもがどうやら手に入れてしまったらしい、ということです。いまや、彼は、読んでいるのです。もっと適切にいえば、彼は知的に読んでいるのです。その行為の発端においてこうした習慣を身につけることの価値の大きさは、どれほど強調してもしすぎることはありません。子どもは、書かれた文字のなかに、非人格的で非肉体的な形骸ではなく、翼をもった思想を、心豊かな思いを運ぶ生命の躍動を見ているのです。

　ある日、遅かれ早かれある日、卵は孵化するでしょう。子どもは、読みのテクニックの名手となり、手だれの読み手となった子どもは、本当に読み始めるのです。大きな声で、つっかえもせず、すらすらと、気おくれも迷いもなく音読をするのです。語の識別はトータルで決定的なものになります。円環は成就するでしょう。書くことを媒介にして、言語は読むことへと到達するのです。

子どもはいまでは二本足ですっくと立っています。どうしてそんなことができたのか？　理由はどうあれ、とにかく結果がそこにあるのです。あなたが目をこすっても、それは疑いようのない事実です。よろしかったら勝利のファンファーレでも吹き鳴らしたらよい。だって、子どもは歩いているのです！　子どもは読んでいるのです！

　　　　*

　この方向転換の意義がすぐには理解されないとしても、自然方式の有効性を身をもって知る教育者は、なにが起こったかが決定的に明らかになる日が来ることを期して、あらゆる障害を乗り越えてその仕事の深化を追求してやみません。そのときどきの事情によって利用できるかもしれない補助的な諸手段については、第2部「包括読みの理想のあり方」でくわしく述べることにします。

　ここではただつぎのことだけを指摘しておきましょう。それらの諸手段を方法ととりちがえてはならない、ということです。それは補助的な手段にすぎません。効果のほどもただそう思い込んでいるだけで、おそらく実験的に裏づけられたものではないでしょう。こんな便法に手を出したがる教師のありようは、子どもを歩行訓練している父親のようなものです。赤ちゃんの四つん這いを見て、いささか情けない思いをしたり、思わず手をとってまえに進ませてしまう父親のようなものなのです。まだ短い歩幅や、ひ弱な足どりなんぞいっこうにおかまいなし、ともすると力ずくで赤ちゃんを引きたてていくのは本当に困ったものです。この種の練習が赤ちゃんの自前の試行錯誤に――赤ちゃんを過つことなく正しい歩行に導いていく、あのゆったりとした模索体験に、どれくらい役立つというのでしょうか？　大いに疑わしいものです。父親のただの自己満足なのではないでしょうか。

　親や視学官たちに、年端もいかない子どもの歩く姿を見せて、彼らの興を買おうというのなら、よろしい、子どもの手をとって歩かせたらよい。

あれこれの、お好きな工夫をこらして練習に練習を重ね、うまく読み書きをマスターしたという幻想を与えたらよい。正常な学びだけが確かな道であることをあなたが忘れていなければ、まだしも取り返しがつくというものだろう。これ見よがしに足速を速めてはいけない、あなたが責を負う存在に無理なことをさせて、みすみす力尽きさせてはならない。
　私たちが学校に持ちこんだ新しいテクニックによって教育の再構築が可能になったものの、それが教師の精神と思想の根本的な変化を必要とするものであることは打ち消しえない事実です。これはいまひとつの新たな問題であり、私たちはけっしてテクニックだけで行けると思っているわけではありません。
　囀（さえず）りはじめた子どもの喃語（なんご）を聞きわけ応答する母親の様子を見てください。感動せずにはいられない会話がそこから始まるでしょう。新しい教師も同じこと、耳をとぎ澄まし、以心伝心で子どもの経験に聞き入ることでしょう。生徒たちのいたずら書き、デッサン、そして原初的なエクリチュールという、子どもたちの多様な言語表現を解読するセンスを磨いていくことでしょう。矯正したり、罰したりする代わりに、教師は技術的に、知的に、実際的に生徒たちを助けるすべを習得していきます。子どもがはじめて書いた手紙、はじめて書いた文章だって、教師はちゃんと読めるようになるのです。そうすると、あの摩訶不思議なコミュニケーションが成り立って、それに支えられた子どもは、山の頂き目指して飽くことなく岩壁に挑むようになるのです。
　伝統的なやり方は教師、親、視学官たちに、一種形式的なお墨付きを与えます。この子は綴字練習帳を何ページまで終えた、教科書を何ページまで進んでいる、何個の間違いでディクテができた、といった具合。そして、それはテストで計測されます。まずまずの結果ならば一件落着！　わけがわからず身にもつかないかずかずの練習の山のまえで、子どもたちがどんなに辛く悲しい思いをしていても、そんなこと、知ったことか。この子ど

もたちを泣かせているオウムの文化は、彼らの人格と未来になんの影響も与えません。与えるとしたら、害だけです！

　私たちは首を垂れて認めましょう。子どもの進度がどれくらいかを客観的に計測する科学に無知である点で、私たちはくだんの母親とぜんぜん変わりません。しかし、私たちはそんなものよりもずっと確かな判断基準をもっています。子どもたちは生きています。この生の密度を示す指標を見わけるために、偉い心理学者たちの手を借りる必要はありません。子どもの眼差し、挙動、自然さ、活動性、平静と落ち着き、私たちの教育実践の有効性をこれ以上に決定的に示す指標があるでしょうか。学びの深さ、培われた力と文化は、この眼差し、この挙動、この自然さ、この活動性のなかにこそ示されているのです。それらがなければ、きっと子どもたちのあの平静と落ち着きもありえないでしょう。

　この生をこそ、評価し測定することを学ばなければなりません。それは払うに値する労苦というものです。

　私たちは岩のうえに基礎を据えましょう。堅固な岩のうえにです。私たちの不動の建造物はなににもまして強い説得力をもつものとなるでしょう。

　8年から9年をかけて、読みだの――説明つきのこともあるし、ただ読むだけのこともありますが――書き取りだの、ディクテだの、文法規則の暗記だの、叱責だの、処罰だの、教練のうえに教練を重ねて、あなたは生徒たちにわがフランスの麗しき国語のイロハを教えます。さて、彼らが連隊に到着したときには、なんと、なにもかも忘れてしまっている。綴りも文法も読み方も。劣等生だけではありません。最優秀生徒だって、しばしばそうなのです――少なくとも学業をつづけていない生徒にかんしては――なにも頭に残っていないことが明らかになってしまう。これは、とりも直さず、あなたの方法の恥辱であり、不名誉であり、失敗です。

　彼らは学校を出たとたん、すべての知的な労働をやめてしまうから、というよりも、すべての学校的な学習をやめてしまうから、と言うべきでし

ょうか。残念ながら、だからといって、その過誤のツケがいささかも軽減されるわけではないのです。

　手探り実験だけで話すことを覚えた子どもは、たとえその土地を離れても、両親の言語や村のアクセントを忘れたりはしないものです。遠く故国を離れていても、その言葉は生きつづけるのです。10年、20年を経て、生地に帰ってその空気に触れ、流れる川の囁きを聞けば、はじめて言葉を覚えたときの記憶が心に甦り、子ども時代の村の暮らしの真っただなかに自分がふたたびたち返ったかのように気持ちになるでしょう。傍目には習得しがたいと見える語、語形、言い回し、声の抑揚を、彼は瞬時に、驚くべき正確さで再現し、私たちを感動させるのです。

　同じ方法を私たちは読み書きの学習に応用します。そうすることで私たちの心の奥深くで起こっていることに気づくのです。感応し、永続し、けっして消えることのない結線を確かなものにするのです。みずからの方法をいま以上に完全なものにして、真に子どもたちの生と一体化したメカニズムを始動させたいのです。そうすることによって読み書き行為は人間の行動をもっともよく発展させる手近な道具となり、力を調和を目指してたえず向上しようとする私たちの欲求を奮い立たせる媒介となるからです。

第2部
La Lecture Globale Idéale
包括読みの理想のあり方

1 古い規律訓練型教育と自由新教育との相克

　新しい社会と新しい科学技術の要求に即応した教育システムが必要であると、どこの国もが気づきはじめた今日このごろ、その反動ともいえる逆風が、わが国だけでなく国際的にも教育の世界に吹き荒れているようです。

　このような現象を冷静に判断するためには、それがなにに由来し、どんな諸条件が介入して逆説的に煽りたてられているかをよく見極めておくことが必要でしょう。

　第一次世界大戦が終結したとき、われわれはひとつの終末から出立したのでした。ひとつの世界の終焉と新たな時代の脈動に、われわれはもう眼を閉ざすことはできないと思い知ったのでした。いくたの果敢な精神が革新の目覚しい成果を提示していました。興隆する新教育運動は、服従と奴隷根性に繋ぎとめられた教員大衆のまえに偉大な自由の思想を対置していました。数かずの熱烈な実践が行なわれ、それらは、学校的な拘束から解放された子どもたちが、それに相応しい雰囲気の下で人間的な責任感を獲得していくさまを遺憾なく伝えてくれていました。伝統的な教育が長くその存在を否定し、じつは抑圧してきた子ども本来の生きた力を汲みあげて活用するときに、その過程で子どもの人間としての応答可能性（responsabilité）が開発されていくことを。

　一条の光が差しこんだのでした。それはたとえていえば今日のアフリカ諸国の姿に比定しうるものでした。長い隷従の時代をくぐり抜けたこれらの諸国はいま呱々の声をあげ、独立と民族自決を獲得しつつあるではありませんか。突如すべてが可能なように見えてくるのです。実際、新しい諸

力は大きな反響を呼びおこし、それが巨大なこだまとなって逆に運動を活性化するバネとしてはたらき、ひいては社会的人間的な進歩を促す重要な推進力になったのでした。

　1939年にはじまる第二次大戦までの期間、われわれはこうした熱い季節を体験し、その間「自由教育」や「新教育」の名で総称されているさまざまな思想や実践方式が相互に呼び交わしながら孵化するさまを目撃してきたのでした。

　じつをいえば、フランスの教育組織はあまりにも厳格に組み立てられているので、自由への自然な願望をおいそれとは許容しないのです。ほんの申し訳程度に改革の素振りを示すこともありますが——たとえば、リセに第六新学級を設けるといったように——そうした新趣向も、古き規律訓練型教育が誇示してきた験能あらたかな実績にたちまちにして屈従してしまうのです。この35年間の手探り的な模索をとおして、私たちはこうした既成秩序を多少なりとも揺るがしてはきたのですが、とはいえそれは容易ならざる挑戦でしたし、古き秩序は依然としてその権威を保持しています。

　家族や社会一般に眼を転ずると、様子はだいぶ異なってきます。学校という城砦からはじき出された新思想も、その城の外ではもっとすんなりと迎え容れられたのです。精神分析の影響もあって、年長者は子どもの心的傾向をもっと斟酌して振る舞うべきであるという考え方が次第に力をもつようになっていました。子どもに過剰にコンプレックスをもたせることの弊害、権威主義的訓練がもたらす抑圧、あるいは懲罰や虐待の危険性が語られ、人びとはそれを回避しようとしはじめたのです。

　たまたまのことなのかもしれませんが、この自由の思想は、社会と家族の絆の弛緩とも符合していました。父親は、昔はちらっと姿を見せるだけで子どもが震えあがるほどの権威を帯びていたのですが、もはやそれほど怖い存在ではなくなりました。労働組合運動や政治運動がさかんになり、民主主義の思想が普及したことも、子どもと社会、子どもと親の関係に変

容をもたらしました。どこまで方法的に裏打ちされたものであるかは別にして、そうした変化が生じていることは確かでした。

　自由がたんに言葉の上のものではなく、労働と生活のなかに刻みこまれたある技術的現実であるためには、社会の構造が変わり新たな家族のありようがかたちづくられた結果として、それが出来しなければならないのですが、今日のいわゆる自由とは、弛緩とアナーキイにすぎず、責任回避とそれにともなう放恣の風潮の反映とも思えるものでした。

　もっと悪いことには、人間の弱さにつけこんでこの嘆くべき瘴気をさらに掻きたてる連中がここでも暗躍することになります。まずは映画、それから漫画、ラジオ、今日ではテレビが、子どもたちをあてどない右往左往のなかに投げこんでいます。親たちもそれに和して、みずからの責任を放りだしています。こんな袋小路に迷いこんだら最後、どんな教育的試みも不毛に帰するのは必定でしょう。

　無責任を決めこんで、自分の行為の帰結に頰っかむりしたがる人びとは、新しい教育のやり方が悪いのだと騒ぎ立てるのですが、その言い分は古典的！　にすぎると言うべきでしょう。子どもたちが傲慢である、尊敬の心を欠いている、素直に言うことを聞かない、あるいは勉強を嫌がる、ギャングとなり黒ジャンパーを着こんでブルジョアたちの安寧を脅かす——それら一切は問答無用の厳しいしつけを怠ったツケである、家庭や学校が絶対的な権威を護持していないからである、ということになります。権威は容赦なき応報によって、体罰すら辞さぬ厳格な罰の執行によってはじめて護持されるものであるのに、今日ではそれがすっかり手控えられてしまっている、と言うのです。

　伝統主義者たちの主張は、あながち誤りとばかりもいえません。教育というものは複雑な機械装置のようなところがあって、他の要素を持ちこむことで動きを変えないかぎり、よかれ悪しかれ行きつくところまで行きついてしまうもののようです。権威主義的な教育システムを随意に使いこな

すときに、使用者にとってそれがまことに使い勝手のよいものに思えるであろうことは明らかであります。とはいえ、その結果として人格とか、自我や自由を重んずる文化は、排除されるべき邪魔物となるでしょう。伝統的な教育の回路にこうした新しい要素を導入することは、蒸気機関に電気を通すようなもので、機械の仕組みを狂わせる夾雑物になるのです。ふたつの方法は和解不可能な水と油です。もしもあなたが一方の規律訓練を採用するとしたら、あなたはその規律訓練を採用するだけではなく、ある権威主義的な精神のありようを選択しているのです。そうであるからには、あっちのウサギに目を奪われるのは禁物、デッドロックに首を突っこむようなものです。でなければ個人の自由な自発性に礎を置いて、自分の全行動を見直すか、そのふたつにひとつしかありません。

　伝統主義者たちは、たとえば、こんな論難をしかけてきます。

> 「自由な方法はかならず失敗に終わる。子どもはまともに綴りが書けない。子どもが手にする読本は絵が多すぎ、彼らのなすべき努力をそこなうものだ。魅力ある教育は遊びに繋がるものではあっても、勉強とは無縁である。良薬は口に苦し、結果を出すなら苦い薬を。そうではないのか?」

　不満はごもっともですが、非難はそれをもたらしている学校と教育の危機にこそ向けられるべきでしょう。地域の実情との齟齬、すし詰め学級、教師の安月給と募集難との悪循環、子どもの生活条件の劣悪化とその結果としての判断力・注意力の減退、誤解はそうした不平不満の矛先をたくみに新しい教育方法に向けて転嫁します。矛先を向けられる対象のひとつが包括読みで、これが諸々の不具合の元凶!　と見なされるわけです。

　といっても包括読みがどういうものかを、だれひとり、知っているわけではありません。フランスのどこの学校に行っても、その名に値する包括

読みを採用している学校などありはしませんし、どの教科書も、それをとりたてて推奨しているわけではありません。いまも学校で圧倒的に遵守されているのは、われわれの子ども時代とまったく変わらない「bとaでba」方式の文字教育なのです。おぼろげにわかることは、いわゆる包括読みが一種のシンボルとして槍玉に挙げられているということ、それは伝統的な慣習にたいする不服従のシンボルとして非難を浴びているらしい、ということです。ABC、シラブル、語、そのうえではじめて句を教えるというこれまでの伝統に悖るけしからぬやり方である、というわけです。親たちもそうと思いこまされてしまいました——どこからそんな思いこみが生じたのか、よくはわかりませんが、おそらく親たちもそのようにして読み書きを教えられてきたし、それ以上に効率的な方法を他にイメージできるわけでもなかったからなのでしょう——あらかじめシラブルと語の綴りを知っていなければ、読み方など学べるはずがないではないか、というわけです。ところが包括的な読みは思いがけぬ切り口から問題に迫り、われわれがその打開策を見出せずに困惑していた隘路を、その仕組みもろとも突き崩してしまったのです。

　われわれのテクニックもこの包括読みの一種とされていて、排除キャンペーンの砲撃対象にくり込まれているようですから、このネストールの怪物の首根っこを押さえて、早々に真相を明らかにしておく必要がありそうです。

2 ドクロリイ博士による包括的読みの評価

　この思慮を欠いた非難がどこから生じたかは、おおよそ見当がつきます。発信地はジュネーブでした。

　ふたつの大戦間のジュネーブは国際連盟の本拠地であるだけでなく、その当時「新教育」と呼ばれていたものの揺籃の地でもありました。どういう事情が重なり合ってか、きわめて偉大な哲学・心理学の研究者、教育実践家たちがこの地から綺羅星のように輩出して、今日の教育にしばしば決定的ともいえる影響を与えることになるのです。私自身にかぎって言っても、ピエール・ボヴェ、エドゥアール・クレパレード、アドルフ・フェリエール、マドマァゼル・オーデマールとラフェンデル、ロベール・ドゥランといったかたたちから得た刺激は語りつくせぬものがあります。

　貴重で有用な発見が教育の分野で数多く生みだされたのですが、それらに注目するさいにどうしても避けて通れないのはドクロリイ博士の天才的な業績です。子どもにおける融合心性と包括的な読みの可能性を最初に語ったのは、じつにこの博士だったのです。

　ドクロリイ以前の学校では、教育と知識の習得は、昔ながらの学校的な順序を踏まないかぎり達成不可能であると世界的に信じられていたのでした。子どもはあらかじめ ch という音を吟味して、ch と at を合成して chat になることを知らなければ chat（猫）という語を読めるようにはならないと信じられていたのです。

　果敢な思考力のもち主であったドクロリイ博士は、学校のやり方は誤りであり、おそらくは伝統に拘束された結果であろうと言い放ったのでした。

伝統とは、そして生命とはなんなのか？　個人が最初に抱く心象はひじょうに包括的で融合的なものであると博士は言います。子どもは足音を聞いて、人影を眼にします。あ、ママだ!

　学校は人間が本来的にもっているこの事物の把握能力、さまざまなバイアスを複合して一挙に把握する力を信じようとはしません。唯一絶対と信じる手順をあらかじめ立ててしまうのが、いつに変わらぬ学校の習癖です。学校は、生はあたかも石垣を積むようなものだと考えています。石のうえに石を積んでいくあのやり方、だから子どもがママを認知するためには、その認知の要素となる細部を教えてもらうことが前提条件、そしてこの手順はいかにも論理的であるかのように構築されています。「この人影は女性の人影である——よれよれのスリッパを履いて、床を引きずり歩いている。胴着には3つボタンがついているぞ。栗色の眼で、カールした髪の毛を耳の周りに束ねている。だから、あれはママだ!」。

　当然のことながら、子どもの認知過程はまったくあべこべです。ママだ!　間違えようもなく、あれがママなのです。生命のあらゆる要素が精妙に協和して、一発必当、この認知をもたらすのであって、それは群れのなかの母親を子山羊が一発で探し当てるのと変わりません。

　精神と眼と耳が——しかし、その他無数の感覚のはたらきを無視してはなりませんが——スリッパ、胴着の3つのボタン、お下げの髪といった具合に細々とした部分の分析に注意を向けるのは、当初の同定がなされた後なのです。この第二段階はかならずしも必須なものでさえもありません。私は生家のまえの階段が何段であったかを覚えてはいません。しかし、私は夜でも階段を登って家にたどり着きますし、一歩たりとも歩を誤ることはありません。足が段数を記憶に焼きつけていて、ちゃんと数えてくれているからです。

　これらすべての生活経験は包括的な教育方法が再発見した認識のプロセスと符合します。妥当か誤りか、能率がよいの悪いのを論じ立てる余地す

らありません。実際の生活を見れば、そうである以外にないことは一目瞭然です。ところが学校教育は、ほとんどそれを理解しない。

　ドクロリイ博士も、同じようなことを指摘しました。子どもが言葉を学ぶときには、見たところ単純そうな要素からはけっして出発しない。papa と言う場合、p や a を手がかりにすることはない。子どもがうっすらと周囲の環境を意識し、そのなかで生き、成長しようとするときに、彼の唇と顎がそれに相応しく動いて発する叫び、それが papa! なのです。文字やシラブル、語からでさえもなく、全体的な表現として言葉が出てくるのです。自由に使える語がただの1語であるような初期の段階でも、その語はすでにしてイントネーションを帯びた音楽的な表現になっていて、そこには高度に包括的な音価が付与されているのです。より進んだ表現を駆使できるのはもっと後のことで、子どもはいろいろな語を口真似し、学習し、組み立てて、世界についての理解をより豊かなものにしていくのです。

　生後10か月、バルはお気に入りの語を発見し、幼児特有の声をやや張りあげて「balalou!」と反射的に叫ぶようになりました。発見の喜びに満たされて、のべつ幕なしに「バラルー」と叫んでいます。なにかをするときは微妙なイントネーションで「バラルー」、本能的な欲求や衝動に駆られたときも決まって「バラルー」です。

　あれ、ほしいよ、でも届かない。だから「バラルー！」。

　さぁ、ヌーヌーちゃんとお散歩だよ、「バラルー！」。

　お目覚めの時間、母親の姿が部屋に見えたとたんに両腕をふり回して叫びたてる。「バラルー！」「バラルー！」(早く起こして、早く！)。

　つぎに彼女はこの魔法の語に奇妙な接尾辞をつけ加えて、内容をもう少しくわしいものにします。ママが自分のための麦粉スープの仕度をはじめ、さぁ、もうじきできあがりとなると、バルは厳かに命令するのです。

　「バラクー、バラルー！」(バラルーだから、さぁ、ナプキン！)

首のまわりにナプキンを巻いてあげると、用意は万端。バルは、これですっかりご機嫌です。よしよし、これでいいんだ！

　子どもはひとつずつ石を重ねて家を建てることはありません。その精神と生命力から一気に家を孵化させてしまう、そんな魔力を子どもは秘めています。すでにしてそれと識別できる、棲むことだってできる家、なんともややこしい柱のうえに立った家なのですが、しかし、それなりに堅固で比類なき家なのです。コンクリートのうえに柱をおっ立て、上階には枠組みを、間には壁をというのが今風の建築術なのでしょうが、子どもはまずは全体を、まるごとの家を思い描くのです。文句をつけられてもいっこうに怯みません。私の家の老犬は目が見えないのですが、私が帰ってくると、見えないはずなのに主人の車だと見わけるようです。酷似した車が他にもたくさんあるのに、もう車が止まるまえから私の車を見わけてしまうのです。これは、学校教育がけっして活用しようとはしなかった素早さです。生命にあまねく見られるこの飛躍バネは、学校がでっちあげたヨチヨチ歩きの論理を軽々と踏み越えてしまうものであり、いったんこの生命の理法から反れたら、大したことはなにもできません。

　文字を知らない女性が卓上カレンダーの日づけを過たずにめくる話を、ドクロリイ博士は紹介しています。われわれもよく暦の火曜という文字と水曜という文字を読み違えてしまうことがありますが、この女性はけっしてそんな間違いは冒しません。だって水曜日と火曜日の違いくらい字面で簡単に見わけがつくでしょ、うちの息子と隣の子どもの区別なら暗闇でもすぐにつくわ、それと同じよ、というわけです。

　ドクロリイ博士はこうした研究を進めながら、シラブルをなぞるかたちで進められている通常の読みの作法がかならずしも絶対なものではなく、またもっとも効率的な方法でもないことを明らかにしていったのでした。要素を摘出しなくても、子どもはひとつの句をまるごと確実に判別できるのです。ｂとａでｂａという理屈を知るまでもなく、ｂａと読めるのです。

「b と a = ba」は、後で学べばよいことなのです。

　この発見がもたらしたなによりの恵沢は、子どもを無益なパズルから解放したことです。黙りを決めこんだ死んだ要素、生命など吹きこみようもない記号の断片を組み立てる、あの気の遠くなるような苦役から子どもは解き放たれたのです。「パパはトトを罰しました。Papa a puni Toto」「ニコラスは籤を引きました。Nicolas a tiré le loto」は、もうおしまい。一方にテクニック、もう一方に知性と感性という二極分解はもはや不要です。

　かくして包括的な教育方法が誕生したのでした。

　当時のジュネーブの教育者たちは、この発見に無関心ではいられませんでした。彼らは自分たちもそのやり方を実験して、ドクロリイの発見の正しさを確認したのでした。その結果、包括読みの方法はジュネーブの学校では、公的なお墨付きを得るにいたったのでした。

　だが、ものごとすべてを低きに向けて引きずり下ろすあの学校の伝統は、この革新に負けてはいませんでした。生けるものへの襲撃が再開され、学校の扉は一瞬にして突破されました。学校は率先して締めつけを強化し、教育のこの新たな潮流に敵対するようになりました。

3 学校化された「包括的な学習」への6つの批判とその反論

　生の条件そのものが確保されていなければ、包括的な学習はうまく発動しません。子どもが母親をまるごと認知するのは、愛情をこめた繊細で多面的な接触が生誕の瞬間から行なわれていて、そうした母親の感触を子どもはしっかりと心に焼きつけているからです。しかし、子どもは保育室の暗がりのなかで、多少とも機械的に自分の面倒を見てくれている看護師のお姉さんを母親と錯覚するかもしれません。だって床を引きずっているスリッパの音が聞こえてくるし、胴着の3つのボタンも見える。耳元に下がった髪の毛の束も見えるかもしれません。とはいえ視覚、触覚、聴覚などから得られるそれらの刺激要素は、確実な同定を促すには不十分なのです。感情のこもった個々の人間同士の関係とは異なって、心に生き生きとした影を落とさないのです。譬えてみれば、それは電池のようなものなのでしょう。おそらく出力を蓄えてはいるのでしょうが、なにかと接続するなり連結するなりしないと、ランプをともすことも機械を動かすこともできないのです。

　包括化の内部に事実はらまれていた欠陥が露呈してしまったのです。家の全体像を描くこと、それを心がけるあまり、柱をしっかりと立てることを忘れているのではないか、だから建物の全体がぐらついてしまうのではないか、というわけです。そこで、当然のことながら後悔の念が生まれてきます。やっぱりひとつひとつの石を積んで、方法的に壁を築いていくべきではなかったのか、と。

　そんなわけで、いまでは進取的な試みにたいする反動として、包括的方

法にたいする袋叩きが起こっています。部分的にはまぁ仕方がない面もあるのですが。

　ドクロリイ博士はご自身の観察と経験から、子どもは個々の構成要素を識別する以前にまずは語と句を全体として把握することを明らかにしたのですが、しかし、それは、その語や句が子どもの生活背景と直結している場合においては、ということでした。

　たとえば、子どもがタブローに「電池と電球で、ミミールは灯りをつけてくれた」と書いて、印刷したとします。この場合の語は学校式のたどり書きではなくて、ごく自然な仕方である具体的な思想や経験と結合しています。

　実際、子どもの生活と学習のさまざまな相がじつに自然でかつ確かな仕方で、これらの語のなかに刻みこまれています。家は大地に根を下ろし、しっかりとした柱に支えられて、堅固にゆくり立っています。これならば危うげなしに間仕切りの壁をとりつけることもできるでしょう。

　学校は包括的な方法からメカニカルなものを学びとったものの、生命を置き去りにしてしまったのです。

　子どもが教科書を広げると、一見躍動的なこんな句に出会います。「トトは大喜びです。お父さんがトトを釣りに連れていってくれるのです」。子どもはそれらの情景を全体として再現しようとするのですが、ピンとくるものがまったくありません。釣りになど行ったことはないのですから。学校はこの交雑種の弱点をいみじくも感知していて、だからあらかじめ生活場面を補う絵を添えたりしているのですが、悲しいことに、それは不在を補う代用品にすぎません。礎石は置いたものの、モルタルを流すことを忘れているのです。学校の教科書には、通常、語句が個人や集団の生活経験の坩堝に挿入されることで発する出来事の熱気がないのです。伝導性のないコードを使っているので電池と接続しないのか、包括的方法のセールスポイントである肝心の電灯がいっこうにつかないのです。

灯りがともらない。仕掛けにどうも不具合があるらしい。イメージはぼやけたままで、通りすがりの人にはなにがなんだかよくわからない。
　ジュネーブでも、ブリュッセルでも、こういうことが起こりました。どちらも包括的な読みの教科書が編集されていた地域で、子どもは挿絵のついた文章をその方法で読まされたわけです。しかし、自然の方法だけではうまくいかない。そこでもう一方の分析的な読みの手法を併用する必要があると、早まった結論を下してしまったのです。こうしてスイスでも、他の地域でも、折衷的な手法が登場します。これはじつのところ、取り柄のないアマルガムにすぎません。
　いらいらが募るなか、ジュネーブ精神を反故にした文部当局は、グローバルな方法を断罪し、それを禁ずると宣言しました。事件は当然スキャンダルとなり、同時に新教育思想への攻撃を権威づけるものともなりました。学校がみずから歪曲し、空洞化した方法にたいする宣戦布告なのですが、それがいまやバッシングの手軽な合言葉と化したのです。
　その論ずるところを簡約しておきましょう。
　包括的な方法は読み方教育だけに限定されるものではなく、あらゆる分野に敷衍できるものです。このことはドクロリイ博士も明言していることで、われわれの経験に照らしても打ち消しようのない真理です。しかし、この原理の教育への適用が、まさに論難の対象になっているわけです。
　事実、包括的な方法を学校的なやり方で利用すると、いろいろな危険や不都合が生じるのは、たしかにそのとおりです。

1 学校化された包括読みのおかげで、子どもの書く力は昔にくらべて劣ってしまった、という非難。

　文字が不恰好で、基本的なテクニックが習得されていない。リエゾンなども無視されている。方法的にカリグラフィ（書字）を教えていた昔のほう

が、子どもは概して注意深くしっかりと文字を書いていたといえる。

こうした不満が噴出する背景はいろいろです。しかし、私たちに言えることは、少なくともともわれわれの学校では、子どもたちは自然で包括的なやり方で読み書きをマスターしてしまっているということ、分析的な文字や綴りの学習など経なくても、立派に書くことができるようになっている、ということです。

本来の包括的な方法にたいして、失敗の責任を負わせることはできないのです。

> 2 最近の子どもの文章の読み方は昔の子どものそれにくらべて著しく不正確である。
> かつての子どもは昔式の厳しい訓練で正確に読む力を鍛えられていたものだ。

生憎なことに、この非難もしばしば正鵠をついています。先ほどわれわれがその危険性を指摘した折衷的な方法になじんでしまうと、子どもは途轍もない包括読みをしてしまうことが少なくありません。単語のかたちを目見当で捉え、その語が置かれた文脈などお構いなしに、あられもない語をでっちあげて得々としているのです。

しかし、ここでも言わなければならないのですが、包括読みの原理がこのような顛末を生みだしているわけではありません。それというのも、ほとんどの子どもたちは——少なくともフランスの大部分の子どもたちは——折衷的な方法で学んでいるのであって、わが国の幾千もの学校はわき目も振らずにそれに歩調を合わせているのですから。

グローバルな読みの機能不全のツケが、読み能力の低下となって現われていることは、疑うべくもありません。文章の全体をざっと読んで、さぁ、それを組み立てなおしてみよう！ ところが子どもは、規則も意味すらも無頓着に、その作業を行ないます。お手本には「トトは大喜びです。

パパは釣りに行きます(Son papa va à la pêche)」と、書かれています。早合点した子どもは、思いつくがままに置き換え文を書きはじめます。「パパは田舎に(à la campagne)行きます」。おつぎは「パパはキノコに(aux champignons)行きます」。お手本がどんな事柄を伝えているのかをまったく顧慮することなく、ただ機械的に置き換えをしていくわけです。子どもにとって読むことは、どんなことが起こったのか、心がどう動いたかを読み取ることではなく、もっぱら没意味的な練習としてあるのです。

しかし、われわれの教室の黒板に「電池と電球で(avec une pile et une ampoule)、ミミールは灯りをつけてくれた」と書かれ、それが印刷されるときに、子どもはこの文章を「電池と雌鶏で(avec une pile et une poule)」などと組んだりはしないものです。先生の助けなどなくても、子どもはすぐに気づくものです。こりゃナンセンスだよ、と言って、すぐに訂正します。

包括読みの方法が正しく理解されていれば、それが文の置き換え(翻訳)における正確さを厳しく求めるものであることはすぐにわかるはずです。分析的であれ折衷的であれ、機械的な操作主義で意味との結びつきを厳しく問わない学校式の読み方教育は、かえってこの種の放縦な読みを許してしまうのです。

しかし、この欠陥がテクニックと意味を切り離す学校式の教育方法に通有なものであるとしたならば、昔の方法なるものも果たしてその埒外でありえたのでしょうか？　目くそと鼻くそその違いと言うほかはありません。

私の考えでは、学校的なやり方に責を負わせるだけではじつは不十分で、問題は社会の変化、環境そのものの劣化にあるように思えるのです。

> 3 われわれの時代の生は、
> 支えとなるべき分析的な堅固さを省みることなしに、
> グローバリズムの高き塔を立ちあげている。

　なるほど、建物を建てているけれども、すっかり柱のことはお忘れである、というわけですね。
　子どもが街角を通ると、どぎつい標示や広告がたえず目に飛びこんできます。子どもはさして注意を払うこともなく、さっと一瞥するだけで、標示されている記号の意味なんぞ詮索しません。ある程度、それが正しい対処の仕方なのでしょうが、その結果、とんでもない読み間違いをしでかしていることもあります。誤解がそのまま子どもの精神のなかに消えない痕跡を残してしまうことも少なくないのです。
　3、40年まえは標示もいまのように多くなく、まったく見かけないこともありました。たまたま見かけた文字や言葉を読んでは読みかえし、それについて考える時間が与えられていたのです。
　この異常なグローバリズム（包括主義）の状況に加えて、もうひとつ、速度効果の問題、すなわち現代機械文明の最大の特徴である目まぐるしさを挙げておかなければなりません。かつては道に標識があると立ち止まり、ここから先はこの町だとか、町にはこんな名所旧跡があるとか、そんなことを注意深く読みとったものです。いまでは電車や自動車の窓から、通りすがりに、見ようとして見るのか、ただ目に入るだけなのか、ほんの一瞬、文字どおり目を掠めるようにして、それを見るだけです。立ち止まって、一歩引きさがって自分の記憶を確かめるなどという呑気さはもう許されません。そうして語順を入れ替え、子音を置き替えて、とんちんかんな意味にしてしまったり、子どもは「大体はこうだ」主義にすっかり馴染んでしまって、しばしばそれを修正する機会を奪われてしまうことになります。

もっと困ったことがあります。お子さんが絵入り新聞を読んでいるところをご覧になったことがありますか？　最初は絵にしか、興味を示しません。そのうち絵に描かれた事件に興味を引かれて、文に目を移します。でも、ちょっと目をくれるだけで、シラブルをたどるわけでも、ひとつひとつの語をたどるわけでもありません。文の大意をつかむことも、できてはいません。そんな時間もなければ、そんな気持ちもありません。そんなことしたって、どうなるというのさ？　短い文章、短くないと読めませんからほんの短いテクストの活字に、ふわふわと視線を這わせるだけ。こうしたお手軽な読みで子どもは勝手に文意を再構成します。恣意的に語を捻じ曲げ、句を変え、支離滅裂な文に変えてしまうのです。結局のところ、彼が読み理解したものは、本当のテクストとはもはやなんの関係もないものになっていきます。

　子どもは、学校での読み書きの練習よりももっと多くの時間を使い、ちょっとは多くの熱を入れてこうした読みの習慣に自分を委ねているのですから、それが彼らの身についていく惧れは不幸にして大きいのです。これが、読みの一般的なあり方に甚大な影響を与えていることは明らかです。

　われわれが力をつくして告発し、たたかっているのは、まさにこの悪弊にたいしてなのです。

　われわれが「自由テクスト」をつくる場合、子どもは植字板や印刷された文章を読むのですが、原文にちょっとでもミスがあると、読み手は不平を鳴らします。となると生徒は、文の全体を俯瞰しながら（それが読みの一般的なあり方というものでしょう）、同時に細部の語や綴りの正確さにも注意を払わざるをえないのです。

　いたって正常なこの読みの作法は、ドクロリイの発明でも、私が考えだしたものでもありません。われわれはただ、それを学校に持ちこんだだけなのです。全体の脈絡を押さえ、その一方でシラブルや語をていねいに分析することで読みを確かなものにしていく必要性を、子どもはつねに感じ

とってきました。そもそも読みは、全体の脈絡がつかめていなければはじめから成り立たないものでしょう。

　ただただシラブルをたどるだけの読み方を教わった子どもと、実質的にそれと同じ状態にとどまっている大人、つまり非識字者の場合、文の1文字1文字はばらばらに読まれています。ト、ト、ハ、オオ、ヨロ、コ、ビ、デ、ス、オ、トウ、サン、ガ——このように個々の字は判読できるのです。でも、読んでいるわけではありません。ひとつひとつの文字を音にしているだけです。文が音や音節にずたずたに切り裂かれ、意味をなさなくなっているのですから、理解を目指しているとはいえません。読み書きが覚束ない人びとが新聞を読むときの反応も、それで説明がつきます。

「どんなニュースがあったの?」
「わかんない。でも、読んだよ!」

　彼においてはふたつのことが、まったく別なことになってしまっています。文字を識別することと、文章を理解することとが、別なこととしてある。それが、つまりは読めないということなのです。

　こうした段階を脱した子ども、あるいはそうした状態に安住しない子どもたちの場合は、多少ともあざとく配置された記号の連なりを解譜しながら、その一方で全体の脈絡をも理解するという仕方で文を読んでいます。この読みのプロセスについては科学的な研究が行なわれ、測定もされています。

　子どもはある語を見据え、その構造を精査しようとします。しかし、言うまでもなく単語の意味はそのコンテクストと不可分なものです。子どもが知りたいのは、そのコンテクストなのです。ある語を判読すると目はその先の語を識別しようとして移動し、しばしばつぎの行にまで進んでいくこともありますが、また元にとって返し、さらにはまた前へ進んで、前後の関係を認知していきます。読みというのは一種の探検行為です。文脈が確立したときに、はじめて語が読めるのです。それまでのあいだ、子ども

はためらったり、おずおずと口ごもったりの、手探り状態をつづけます。先を急ぎすぎたり、あなたが急かせたりすると、子どもは行き当たりばったりに語を解釈し、重大な誤りをおかすことになりかねません。これはヤバイぞと、子どもが自分で気づくこともあります。

　文脈を把握することは、読みにおいては決定的に重要で、だから子どもも大人も、理解した文章はすらすらと読めるのに、前後の流れがうまくつかめない文章に出会うと、たとえ書かれた語が同じでも、つっかえ読みになってしまうのです。あなたは苛々してくるかもしれません。「どうしたんだ、おまえ、この語はまえに読めたはずじゃないか」。いや、その語は別な文脈のなかに置かれているのです。そのために、字のかたちまでが違って見えてしまうのです。

　ですから、子どもが経験を重ねて賢くなれば、それだけ理解が深まり、読みの速度もそれだけ早くなります。

　くり返して言いますが、これはすこぶる古典的な考え方なのであって、ドクロリイや私が言いだすずっと以前からいわれてきたことです。学校の伝統のなかで、これが没却されてきた、というだけのことです。

　そこで、こう言うべきでありましょう。いずこであれ、いつであれ、「包括的方法よ、おまえはくたばれ！」。だが、それは「学校式の包括的方法よ、くたばれ！」「あらゆる学校的方法よ、くたばれ！」ということなのです。それは自然な読み書きへの志向を乖離し、現代技術の眩いばかりの侵入を援軍にして、確かで早くて正当な読みの学習を崩壊の危険にさらします。

4 | いまどきの子どもの綴りは、
20年まえ、30年まえ、40年まえの子どもにくらべて
まるでなっていない。そういえば、大人だって同じだ。

　これも、やはり認めざるをえない。教室の子どもたちを見ていると、1語ごとに綴りを間違えている子が大半です。間違えていても、いっこうに気にしない。教えこまないからである、書き取り練習をさせていないからだ、ともいわれています。やつらは綴りなんてどうでもよいと思って書き散らしているのではないか、と。
　「だから言わんことではない。包括的方法なんて、やめてしまいなさい。昔ながらの古いやり方にたち返りなさい。押さえつけ主義の教育ではあっても、綴りくらいはちゃんと教えていたのだから」
　さてさて！
　ひどいことになっているのはご指摘のとおり。われわれもそう思います。だが、そのひどさは、われわれが問題にしてきた学習方法の誤りの結果として生じた随伴現象なのです。子どもは単語の羅列を見せつけられますが、それだけでは単語やその配列の仕組みを細かくきちんとは認知できません。子どもは思いつきの勘で読み、ただ気まぐれに筆を走らせることになって、子ども自身の読み書き行為は、正書法や綴字法とはほとんど無関係なものになってしまっているのです。その弊害は、下手をすると予想を越えたものになりかねません。
　かといって、権威主義的な方法に回帰したからとて、どうなるというものでもありません。悪しき回路はゆがんだなりに子どもにとって板についたものになっていて、そんなことくらいで修復されるとは思えません。必要なことは文章を読み、かつ書くことが、人間的な意味と愛着をともなう行為になる、ということです。そうすれば悪しき回路はじょじょに修復さ

れていくでしょう。でなければ、打つ手なしの暗礁に乗りあげるだけです。

　自由テクストによって、われわれはこの再生を実現しました。しかし、われわれは、そこにさらに彫琢をもほどこしました。自由テクストでは文は全体的な構造をもつものとして立ち現われますが、それは人間の思念と社会という柱に強固に裏打ちされて屹立する建造物なのです。われわれは言葉という獲物を追いかけ、文法に息を吹きこんで、あえていえばひとつひとつの石を積みあげて、方法的に仕切りの壁を設けていったのです。

　タブロー上ですっかり磨きをかけられたこのテクストは、版に組まれて印刷されます。1字1字、1語1語を植字して版面をつくっていくわけです。この組版作業は気分にお任せの目的なき作業ではありえません。それは抜き差しならない作業であり、テクストが意味を帯びたテクストとして生誕するための決定的な一歩なのです。印刷には、誤りがあってはなりません。誤りをおかしたら、直しを入れる必要があります。いま取沙汰されている病的な事態はたんに学校だけの問題ではなく、読んだり書いたりする行為とはご縁が切れてしまった生活環境の側にも原因の一端があるのですから、われわれとしては、読み書きのテクニックを生活環境との繋がりにおいて学ぶことの重要さをあらためて痛感せざるをえないのです。いくつかの治療法はすでに成功を収めていて、その妥当性を立証していましたが、われわれはそれに若干の修正を加えつつ実践し、同時に自分たちの経験に理論的説明を与えてもきたのでした。

　上記のような錯誤と欠落に起因すると思われるさまざまな学習障害をかかえた生徒たちを、われわれは年々増加する割合でわがヴァンスのフレネ学校に受け入れるようになっています。彼らは頭が悪いわけではありませんが、いまの学校といまの生活環境とのあいだに開いた巨大な空洞を埋めることができないでいるのです。その結果、彼らは重症の不適応に陥っています。学校の外に身を置けば、よかれ悪しかれ自分なりに羽を伸ばして生きることができますし、そこに居直ることである程度まで成功を収める

こともできるのですが、学校という環境には溶けこめない状態がつづきます。もう勉強なんて、やる気はない。読めないし、書けば綴りは出鱈目。知的・文化的な方面ではすっかり負け犬を決めこんでいるようです。

　彼らの傷の深さを斟酌しながら、われわれは多少なりとも速やかに自分たちのテクニックに改善をほどこしてきました。われわれは自由テクストという手立てで読み書きへの動機づけを促し、細密な仕事に慣れさせ、最終的には植字、リノ版画、そしてデリケートなテクストの刷り方の妙を覚えることをとおして、学びと生活の回路を回復し、知的な面での子どもの健康を呼び戻そうとしたのです。その結果は、たしかに回復速度に個人差はありますが、見るべきものがありました。1年とか、それ以上の時間がかかる場合もありましたが、でも、回復は果たされたのです。世間から非難されている子どもたちの学力不振は、われわれの自然方式によって——すなわち分析的でかつ総合的・包括的な、生活をモデルにした学び、教育される者たちの行動様式の底深い層にはたらきかける学びの作法をとおして、確実に消えていったのです。

5　読み書き能力の不振を包括的方法に起因すると説明するのが、いまの流行だ。

　そこで心理学者や教育者たちは最近ではこれを新しい病気と診断して、ヴィルスの所在をめぐって空しい詮議をくり返しています。

　原因が直視されているわけではありませんが、とにかく読み書き能力に不具合が生じていることは確かです。子どもたちの綴りは出鱈目なものになっていて、容易にそれから抜けだせないのです。いちばん目立つのは一定の語のなかの文字順を入れ替えてしまう癖で、間違って覚えた結果ではあるのでしょうが、頭にどこか欠陥があるのではと思わせるほどの乱綴りを平気でやってしまうのです。子どもは car[和訳＊「どうしてかというと」]を

cra と書いたり、bras(腕)を bars(バル、スナック)と書いたりします。そうかと思うと、bras が bar と綴られていたりする。

　このような子どもの立ち遅れを挽回しようとして長い苦労を重ねたものの、いっこうにその成果が見えてこない。そんなときの教育者の無力感は、この子にはなにか根本的な欠陥があるのではないか、だから特殊な治療が必要ではないか、というあらぬ結論に落着していきます。こうした学習不振がますます頻繁に見られるようになったのは、おそらく教師たちが昔にくらべて仕事に不誠実になっているからではないでしょう。そうではなくて、この衰退現象の進行は、子どもの生命がその発露を妨げられていることとセットになっているのです。

　自分たちの経験とその成功によって、われわれはみずからの見解に確信をもつようになりました。知ってのとおり、頑固に car を craと書き、bras を bars と書く子どもでも、話し言葉のなかでこんな誤りをおかすことはけっしてありません。お母さんにこんなことを口走る子どもがいると思いますか？「ぼく、着替えしなくちゃ、バって、お出かけの時間なんだバル（Il faut que je m'habille cra c'est l'heure de partir.）」。

　こんなケッタイな言葉遣いに出会ったら、子どもはただちに直しにかかるでしょう。car を cra と書いてしまうのは、伝統的な教育の下で、子どもが意味も考えずに書くことに慣れてしまっているからなのです。自分がなにを書いているのかわかっていない、どう書こうが大したことではない、だから、cra だろうが car だろうが、お構いなしにただ書いてしまうのです。

　書くという子どもの行為に意味を、精神をとり戻そうではありませんか。子どもはみずから誤りに気づくようになり、完璧にそれを訂正することになるでしょう。

　とどのつまり、はっきりとこう言いきってよいでしょう。われわれのテクニックをもちいている学校には、自由に読み書きのできない生徒はいま

せんし、不自由にさせられてしまっていた子どもたちは、やがて立ち直っています。

　教育方法をめぐる論争が、いまさかんに交わされていますが、教育者たちに検証していただき、しかるべく評価しコメントしていただきたい明白な結果を、われわれはさし出しています。もしもわれわれの言っていることが事実であり、もしもわれわれが提起している対策が有効なものであるとするならば、十把一からげの非難の矢をわれわれのテクニックに向けるのは見当ちがいもはなはだしいと言わなければなりません。機能不全の教育を一刻も早く時代の要請に応えうるものにしていかなければならないいま、その課題に明確に応える実践をわれわれは提起しているのですから。

6　子どもの腰がなにかと落ち着かず、集中力が急速に減退しているのは、結局のところ、包括的な教育方法のためであると世間では言っている。

　この点にかんして言いますと、ならば権威主義的な教育は、この悪弊を断つうえでより効果的であった、といえるのでしょうか。この教育思想が夢に見る黄金時代は過去の伝統のなかに存するのであって、時代の課題と格闘する果敢さのなかにあるのではありません。

　われわれが何度も言ってきたように、こうした非難を口にする人びとは、子どもたちのとりとめのなさ、大きな仕事に集中して取り組めない無気力状態が、私がるる指摘してきた伝統的学習方法の弊害といかに密接に結びついて生じたかをまるで理解していません。それはあいも変わらぬ因習的な授業と、ダイナミックに激動してはいるものの規範的に不安定な社会環境との乖離を、たえず拡大する体のものであるのです。われわれの時代の子どもたちは、しばしば嵐に揺れる樹のうえの子どもたちに似ています。枝にしがみついて風と波長を合わせながら、なんとか夕立が過ぎるのを待

ち受けているといった風情です。だれかがこの悪戦苦闘に手を差し伸べて安全なところに連れていく必要があるのですが、しかし、学校はその役割を果たしえてはいません。

さてここで要約をしておきましょう。

1＊包括化の原理を否定する余地はない。じつのところ、それは近年はじめての発見などではないのだ。

2＊しかし、包括化の原理は、いささかたりとも分析の努力や全体を構成する部分的要素への注目を排除するものではない。包括化がなされなければ分析は不十分なものになるし、逆もまた真である。よき方法はつねにこのふたつのプロセスを、両者ともにふまえた方法でなければならない。生命のおのずからなる発動として行なわれるすべての学びは、まさにそのようなものであるからだ。

3＊おまけに、——ともするとそんなことは無視されてしまうのだが——このプロセスがどうはたらくかは、個人ごとに正確に同じではなく、こうでなければならぬものとして、あらかじめ一律に規定してしまうわけにはいかないものなのだ。

　ある個人は分析的な思考が得意で、不用意に全体化を急き立てると座礁してしまう。細部にこだわる子どもによくあるタイプで、ほとんどマニアックな域に達することもある。いかなる部分で構成されているかを突きとめる点では見事な分析力を発揮するのだが、ともすると全体を見失う傾向がある。

　反対に、まずは全体に目を向ける性格の子どももいる。生まれながらの包括化主義者で、こうした傾向の子どもにたいしてはと

きには特別な配慮をして、全体を条件づけている細部を注意深く研究するように促す必要もあるだろう。

　それというのも、よき方法は——あえて方法という以上、それは自然の方法以外のものではありえない——すべからくたんに包括的なものであってはならないし、専一的に分析的であってもならないからである。それは生の運動とともにあるものでなければならず、子どものなかに潜んでいるあらゆる可能性をバランスよく調和的に発揮させるものでなければならない。子どもは、みずからの可能性をもうひとつ先へと踏み越え、より豊かに、より大きくしていく存在なのである。

　われわれをあんなにも痛めつけてきた権威主義的な実践にたち返ることで、現下の教育問題にケリをつけようというのは、どう転んでも見当はずれな迷走と言うほかはありません。生命は前進します。われわれも生命とともに歩まねばなりません。その生の前進にとってなにが建設的なのか、われわれの子どもたちが支配し、かつ奉仕することになるこの世界のなかで、なにこそが制覇すべき頂であるのか、それを注意深く見つめながら、われわれもまた生命とともに前進しなければならないのです。

4 学校印刷機を介した自然方式による包括読み
わが思考の再録

　読み書きの学習!
　なんと長い子どもたちの世代の列が、教科書と壁にかかった黒板のまえで、恐怖に青ざめ、額に苦痛の油汗をしたたらせてきたことでしょうか。意味も効用もわからない勉強という名の鞭! 死んだ、意味もない文字をただなぞるだけという、なんとも空しい努力! 教師たちは、自分たちの任務のなかでもとりわけうんざりもので、成果など望むべくもないこの仕事——子どもに読み書きを教えるというこの仕事に、それでも神経をすり減らしています。読み書き学習だって! できたら、ごめんこうむりたいもんだね。
　でも、いつ見たって素敵なものではないでしょうか? 子どもが話しはじめて、早い足どりで、けっして過つことのない確かさで、言葉を獲得していく魅力的な風景は! たとえ教師でも、学校の勤務から解放されたときは、心の隅からこんこんとこみ上げてくる感慨を思い起こさずにはいられないのではないでしょうか? 自分自身の子どもがはじめて唇を開いて、パパ! という語を発語した日の、あの喜びの感情を! なぜパパなのよと、ママのほうはいささかおカンムリで、たしかにそれはそのとおりなのですが、だが彼女は、もっと他のたくさんの言葉の雛たちが殻を破ってこの世に出てくる驚異に満ちた場面に立ち会うことになります。toutou, pépé, maman, tati, などなど。
　家族の場合は、子どもの発音が覚束ないからといって親が腹を立てる心配はいささかもありません。ヨチヨチ歩きの喃語を面白がるあまり、かえ

って子どもの前進を妨げてしまう傾向さえもあります。そうした環境にもかかわらず、覚束ない言葉遣いを、どんな仕方で学んでいるのかはわかりませんが、でも一歩ずつ一歩ずつ果敢に訂正していくのは、ほかならぬ子ども自身なのです。赤ちゃんがはじめて自分の考えを表現したときの至福の顔といったら！　彼は自分を主張したのです。赤ちゃんは世界の征服に乗りだしたのです！

　印刷機をとおしてわれわれがやってきたことは、ひとえにこのママの先例をたどることでしかなかったのです。

　ここに再録する文章は、私が1929年に書いたものです。その後の長い試行の年月をへて、ここに記したテクニックの可能性にわれわれはますます大きな確信をいだくにいたっています。

　　　　学校印刷機はたしかに偉大な進歩である、と、われわれは言ってはばからない。だが、われわれはそれを万能薬と見なしているわけではない。そのように勝手に決めつけてわれわれを批判したつもりになっている教育者は、じつはわれわれの仕事をまともに研究したことがないことを告白しているにすぎない。われわれが一更ならず自分たちのテクニックを方法視することを忌避して、それを自由で創造的な仕事（勉強）のテクニック、真なる教育に奉仕する手立てにすぎないと主張してきたことを、彼らはあらためて再考すべきなのだ。

　　　しかしながら、これまでの教育伝統に明らかに欠けていた新しい可能性を、この革新はきり拓くものである。子どもの自由な活動性、無理のない人格表現がいかに重要かを、現代のもっとも優れた教育者たちはこぞって説いてきたはずである。もっと子どもを信頼し、その経験に寄り添う関係性を打ち立てるべきであるという主張、これも心酔者にこと欠くことはなかった。ところが悲

しいかな、さまざまな理由から——物質的な理由、個人的・社会的な理由、過大な学級、貧困、過重労働、所定の内容を終える、テストに備えるという強迫観念にかられての自縄自縛など、さまざまな理由によって、新しい方向に踏みだす動きはいっこうに起こらなかった。学校印刷機は教室の日常のど真ん中に生徒の自由な表現と創造活動を落としこむという実践のテクニックだ。科学的などと称する頭でっかちな教育方法などよりもはるかに効果的であることは経験的に実証済みであり、生活と労働の落とし子である真の興味に立脚しつつ、それは新たな教育実践の地平を開いてきたのである。それはまた同時に思考と活動と、子どもたちの生活の統一を再建した。生徒個人のノーマルな発達過程と、彼らの社会のそれとを、学校という場において統合したのである。

　この点は、われわれにとって、きわめて基本的で、かつ本質的である。

　自分の仕事(学習)に目的があると感じている子ども、自分がやっていることは、もはやたんなる学校の活動ではなく、ひとえに社会的・人間的な活動であり、自分はいま全力でそれに打ちこんでいると、そう考えている子どもは、行動し、探究し、創造することへの強烈な衝迫に自由な我が身を委ねていると感じている。空気が入って心が弾んだこのような生徒たちの仕事(学習)は、古い抑圧的な方法下で尻を叩かれて行なう行為などよりも質的にも量的にもはるかにすぐれた出来ばえを示すのであって、それを見せつけられた大人は思わず目を見張ってしまうのがつねだ。印刷機を学校に導入した教室では、どこでも生徒たちの持続的な熱狂が目撃され、それはたんに印刷と直接的に結びついた手仕事への修練ばかりでなく、学校の活動総体にたいする熱気に裏づけられていた。

この種の実践例を最初に提起する者にたいして投げかけられる反対は、いつも同じである。子どもがそんなに学校の仕事にのめりこむのは、教師個人の熱心さに煽られているからなのさ、というわけである。でも上に述べたような現象は、印刷機に取り組んでいる学校ならどこにでも見られる現象であって、教師個人の資質がどうあろうと結果は変わらない。教卓に鎮座することをやめ、フォースタス博士気取りの態度・物腰を擲（なげう）って、全身で子どもと向きあう、ただそれだけの謙虚さと人間性を教師が備えていれば、それで十分なのだ。

　誓って言うが、自分が自分であることを感じて行動する生徒は、人からガミガミ言われて尻などつつかれなくても——学校は古くからそいつを売りにしてきたのだが——誠実に自分の仕事をやりぬくものだ。

　子どもは、ですな、どうも生まれつき怠け者で、ごまかし屋で、嘘つきで、努力するのはなんでも嫌い、そういう動物のようです。法の定める教育目的を達成するには、どうしたって一挙手一投足、奴らに命令し、罰と褒美を与える、うん、それからもうひとつ、遊びですな、なにか目新しいものとか、気を引くようなイメージを、手をかえ品をかえてくり出すことでしょうな。ところが、だ。それらの方策のすべてを動員して、学校はなおも子どもの興味をつなぎとめることに、ことごとく失敗しているのである。

　われわれは新たな主張を提起しているのである。子どもは、生きることを、活動することを、渇望している。われわれは、子どものこの志を活かしたいのだ。それゆえにわれわれは、子どもの自己向上にとって有益と思われる教育と教授の「道具」一式を彼らの自由な利用に供すること、さらにはまた、そのための物質的社会的な条件を具体的に生みだす労働をも提案した。

たしかにこれは、あるべき教育環境を問うた提案なのであり、現に支配的な教育慣行とはまったく異なるオリジナルな思想であった。古いお定まりの授業形式、すなわち抑圧的教育のシンボルともいうべき教科書中心主義とは似ても似つかぬテクニックなのであった。
　なによりも被教育者に立脚しない教育、子どもの内的欲求、彼のもっとも内密な感情と希求に根を置かない教育は、すべて虚妄である。それゆえにわれわれは子どもの心のありようを探り、その魂に強くはたらきかけることのできるテクニックを探り、それを見つけだしたのである。すなわち、自由テクスト、学校印刷機、そして学校間通信である。子どもから湧きあがるこの種の表現は、彼の人格の目一杯の発露であると同時に、学校での多様な学びの契機であり、またそこで得たものをより豊かで精緻なものにしていく機会ともなるだろう。言語、文法、語彙、科学、歴史、地理、道徳、どれも然りであり、あらかじめ準備された学科内容は、かくして外化された子どもの興味のうえに接木されることになる。
　かくしてわれわれの教育実践の新たな方向が、おぼろげにではあるが、見えてきたのである。たとえば、教科書である。教科書という制度は、興味を生みだすのは書物である、その興味はつねに人工的につくりだされるものである、という信仰のうえになりたっている。われわれに言わせれば、そいつは大間違いだ。書物は子どもの関心を満たし、それを深化する手立てとして、もっぱらそのために学校でもちいられなければならないのだ。
　われわれは、この子どもの興味の率直な表現を歓迎した。われわれが企図する教育目的のために、とくに読み書きの学習のために、彼らの興味を引き立て、それを活用した。どのようにして？
　まずは、子どもの表現を引きだすことだ。表現への障害をとり

除き、彼らを励まし、彼らの考えをかたちに表わして人に伝える、そうすることで、表現することが子どもにとって真に意味をもつ行為となり、存在意義を帯びたものになる。だからわれわれは、学問知を振りかざした(学校お決まりの)階梯化は、すべて斥けた。子どもの口から出るどんな語、どんな思想も、憚りなく印刷に付してよいし、付すべきである。遅進児や思うように表現ができない子どもたちにたいしても、彼らを助け、時間をかけて自分の考えを外に表現できるようにした。

　われわれは最終的には子どもの即興的な表現を正しいフランス語の文章に仕上げて、それを印刷に付する。子どもの表現は見事で決定的な——いわば完璧な——形態を与えられることになる。

　印刷されたページのうえに見事な生命の畝が曳かれ、それを盛りたてるかのようにデッサンが描かれ、彩色が施され、音楽と、そして身振りがつけ加わる。

　言語においても、自然は魔法を演ずる。子どもたちはこのようにして、とくに授業で教えたわけでもないのに(!)、まさに包括的に、書くこと、読むことの必要性を自分で理解し、感じとっていくのである。書きあがったばかりの文のくだり、心に響く1語1語を、子どもは飽くことなく正確に植字していく。刷りあがった印刷物の字面は、子どもの精神のうえにも、長く、くっきりと焼きつけられていることだろう。そうなのだ、包括的な読みの理想は、こんな調子で実際に機能していくものなのだ。

　言語の魔法。語や文節は、しっかりと心配りされた表現となって紙面に広がっている。子どもはまるで食い入るように書かれた文字を読み、記された言葉を、まるごと、手に取るように理解するのだ。子どもはやがて読みの仕組みに興味をそそられるようになり、語や音節の構造を見つけだしていくことになるだろう。

母親も、そのことをよく承知している——思い当たる実例の数かずを、彼女はかならず経験しているのだから。そう、そうなのよ、あなたたちの自由表現というテクニックで、子どもは読み書きだって自然に身につけてしまうわ。うちの子どもは、話すこともそんなふうにして学んでいったのだから。特別な授業なんてしなくても、もちろん、意地悪な宿題を出さなくても、自然に学んでいくものなのよ。
　ただし、急かせてはいけない。
　子どもは2、3年をかけて言語を習得する。ヘンな教育をしてこの学習を異常に早めてしまうと、悪魔的な無理強いの効あっていくつかの語を早くから口にするようにはなるのだが、とはいえそれは、子どもの調和的な発達をそこなうという犠牲なしにはすまされない。
　われわれは、もっと大らかでありたい。仮に教育者連中が彼らの方法を家庭に持ちこんだら、子どもはもはや話すことさえもできなくなってしまうだろう。つねに表現への欲求を抑えにかかる学校的なやり方が足かせになって、子どもは発達へのバネを失うことになるだろう。
　読み書きの領域では、まさにそうしたことが起こっているのだ。
　権威を振りかざして作為的なしつけをすれば、若干の語の読み書きを子どもにより早く教えこむことができるだろう。それは通行人になにかの質問をするように鸚鵡を躾けたり、フランス国歌を真似たさえずり方をツグミに教えるのと大同小異だ。それは個体のバランスをつねにそこなうものになっていく。
　最初は、やったぜ、時間を稼いだぞと、あなたはそんなふうに錯覚するのだが、その分は後の損失となって跳ね返ってくる。学校は子どもの発達のバランスを崩し、読みと表現を繋いでいるヘ

その緒を断ち切り、意気を阻喪させるような授業を永遠にただくり返すだけだ。生への信頼の気持ちを盛りたてるうえで——子どもなればこその、あの生への熱情を再生するうえで、それはとりわけ無力なのである。この情熱のたぎりなしには、精密な科学もけっして生まれない。空しく、いびつな知識の建物が建つだけだ。
　小学校の子どもが1年生で読み方を習うのに、6年間もさんざん苦労した挙句、まだ読みの仕組みを完全にはマスターできずにいるのは——道のりはまだ遥か、出るのはため息ばかりだ——まさにそのためなのである。ところが、自由な活動にゆだねるときに、子どもは3、4年もあれば母語の読み書きを完璧に、そして決定的に自分のものにしてしまうのだ。
　この巨大な落差をわれわれは深刻に反省し、学校の古き轍を脱却し、自然とボンサンスと生命が長年にわたってたどってきた道を信じて、そこにみずからを差し向けなければならないのだ。
　われわれのテクニックが学校に不向きな点がもうひとつある。査定がしにくいのである！　朝、学校に来るとき、教員はいつもこんなことを呟いているものだ。「今日は子どもたちに ou の音を教えてやろう」。そして夕方、彼は心安らかに家路につく。義務は立派に果たされた——無事、子どもたちに ou という音を教えたのだから。
　ところで、視学官閣下としては、子どもたちの勉強の成果を査定することもさることながら、なににもまして教師の勤務を評定するのが大事な仕事である。そこで教室に足を踏みいれるなり、泰然としてご下問になる。
　「どうだね、子どもたちの到達度は？」
　仮にこの視学官閣下が幼児の言語発達を査定するために、言いかえればママさんたちがその任務を真面目に遂行しているか否か

を査定するために派遣されていると想像してみよう。彼は母親たちにも、同じ質問を向ける。

「どうだね、子どもさんの到達度は?」

母親ははればれとした表情で答えるだろう。

「そりゃ、もう凄いったらないよ！ こんなに頭のいい子は見たことないね——もう日がな一日、なにかしらしゃべっているよ。ひと時だってしゃべりやまない。わたしになにか言うとね、それが全部、あたしには理解できるのさ!」

「ふん、ふん」と、視学官閣下は言うだろう。「おい、そこの赤ちゃん、ぼくが言うことを真似て言ってごらん。『独楽(La toupie)は投げると回ります』って」。

藪から棒に出てきたわけのわからない言葉、真似なんてするはずがない。

われわれの子どもたちは、子ども自身が書いた文章に、まるで食い入るように見入るのがつねだ。彼らが弁別するのは、学校間通信で送られてきた文章の、いくつかの言葉だけだし、それとてかならずしも完全に、というわけではない。しかし、じっと見つめていると、語群の一連の字面が彼らの心象や社会的経験に親しく結びついてきて、その言わんとする意味の全容が一気に明らかになってくるのだ。こうなればもうしめたもの、子どもは読めるようになるだろうし、それはいつまでも続く彼の力になるだろう。なぜなら、この自然の学びは、子ども自身の生命(生活)そのものと、そして個人の進化のプロセスと一体のものであるからだ。

だが、たとえば、だよ、と、視学官閣下は反論するかもしれない。わしは、どうやって結果を判定するのかね？ どういう証拠を、君はわしに提示できるというのかね？

つまりは、なにも、と、お答えする以外にない。生き生きとし

た教室の、まえに進み高きに挑まんとするこの子どもたちの感動的な熱狂ぶりが、もしも閣下の眼に入らないのだとすれば。教室は、前へ、前へと進んでいく。指導要領だか規則だかが掲げている、いや押しつけている到達目標なんぞは、完膚なきまでに達成し、乗り越えつつ、子どもたちは進んでいくのだ。

　われわれが提起しているのは人間の問題である。この問題と向きあうときに求められるのは全体的で包摂力をもった態度、教育の仕事が含んでいるダイナミックな性格をあやまたずに見抜き信頼する清新な資性である。まさにこのダイナミズムこそが、われわれの最強の力であり、成功を約束する唯一の希望なのである。

　先生たちが、ママさんたちの学校に全面復帰するのは、いったい、いつの日なのでしょうか。父さんや母さんたちも、言葉を覚えることと、読み書きを覚えることが、結局は似たようなものなんだと悟る、そんな日はいったい、いつ来るのでしょうか。先生も親たちも、学校の長い迷夢から醒める、そんな日が、一刻も早く来てほしいものです。残念ながらいまは、この誤りがいたるところで幅を利かせています。お偉いさんたちも、同様です。生命や生活のなんたるかを胸に手をあてて考え、不毛な義務をどれだけこなしたかを鵜の眼鷹の目で詮索する、そんな勤務評定だけにかまけない指導者、官僚風情の役人よりもちょっとは人間的な行政の長は現われないものなのでしょうか。その日にこそ、学校で奇蹟が出来するのです。特別な授業はしていないのに、自由な表現と、学校印刷機の威力で、子どもは当然の遅滞をもともないながら、でも、あの読み書きのテクニックをちゃんとモノにしていくのです。いまは小学校の悪夢となっている、あの読み書きのテクニックを。

　読みの授業の時間数を増やす、個人で、全員いっせいに、黒板の文字を音読させる、多少とも手のこんだ練習で、子どもを疲れさせ、うんざりさ

せる、その努力の挙句の果ては、ますます惨憺たる成果!

　幼い子どものころの日々の、なんと素晴らしかったことでしょうか。同僚のあなたがいまここにいることだって、同じくらいに素晴らしい。できることならばいますぐにでも、あの読み書きの授業を放棄しようと、あなたは考えている。教育者が子どもの瑞々しい心とからだから遠ざかれば遠ざかるほど、教員世界での地位が高くなっていく、そんな現実を、もう許せないと考えている!

　とはいえ、あなたが赤ちゃんだったころの、あの心ときめく記憶、このうえなく喜ばしく魅惑的な時間を、あなたが再現する現場はここ、この教室なのです。生まれたての、勇敢な赤ちゃんにも似て、大人たちの驚きをよそにして子どもたちは言葉をつかまえ、歓びの声をあげながら、頑固一徹に知の神秘の世界に穿ち入るのです。

　教育の黄金時代!
　そう、黄金時代です!
　なににもまして学校の長い愚昧化の歴史に、それが終わりを告げるからこその黄金時代なのです。生命は、雪辱を果たして勝利するのです!

　夢?　しかし、思いのほかに、それは手の届きやすい夢。
　でも、さしあたり、なにを、どうする?
　教室を現代化されたそれに変え、われわれの子どもたちが、1日のなかの数分間ではなく、いや数時間でさえもなく、ほとんど四六時中、学校のすべての活動を機会として活かしながら、読み書き行為で自分を表現できるようになってほしいものです。ちょうど赤ちゃんが、たえず何かをしゃべりながら、実験し、探求し、語りかけ、その手探り模索を依怙地なまでにつづけて、たえず自分の世界を調整していく、あの足どりに似たものに、学校もなってほしいのです。

　親たちに理解してもらう必要がありますし、視学官にたいしても、われ

われの新しい仕事のスタイルを視野に置いた査察のあり方を工夫してもらう必要があるのですが、さてこれには、どうしたらよいものでしょうか？

　われわれの新しいテクニックは、高いところから下付されたものでもなければ、レディメイドなものでもありません。新しい精神が大衆の心を動かすのは、出世のエサをとおしてではありません。

　われわれの正しさを実践的に、実験的に示す者は、われわれ教師を措いて他にはいないのです。われわれの経験がより完全なものとなる日まで、手づくりの実践をつづけていくほかはありません。

　上記のような原理に立って学びの方法をつくりだしていくのは、それぞれの教師なのですが、しかし、行政の条件や教室の人間関係は場合ごとに異なりますから、それに合わせていろいろなバリエーションが生みだされていきます。

第3部
La Méthode Naturelle De Grammaire
文法の自然方式

1 もしも文法が無用のものであったとしたら？

　これは20年ほどまえに、私が投げかけた一石である。石はいまでも懐中に健在だから、講演会などであえてこの石を投げるのだが、聴衆のあいだにざわめきが走る。私がなにか天を畏れぬ言辞を吐いたかのように。教師たちは顔を見合わせ、ちょっと皮肉な、あるいは、いささか怯んだような視線を臨席しているお偉がたに送る。そこには当の文法教科書を書いた著者たちがいたりする——「いかがお考えございましょうか、あなた様方は？」。

　教師たちにしたって、同意する者は少ない。私が課題練習を排撃する、授業という形式に文句をつける、それはまぁ、いいとして、文法の練習なしに書けるようになると思うなんて、まったく理解をこえている。正しく書こうとしたら、文法の規則を知らなければならない。あたりまえのことではないのか？　文法は、古い昔話のようなものだ。幼い時代に心に深くに根づいた伝承は、そりゃ、いったんは忘れてしまうことだってある。だが後々、たとえば、フォークロアのかたちで、また思いだすことだってあるじゃないか。

　とはいえ本当のことを率直に申し述べておくことは、やはりわれわれの義務というものだろう。真実は、自由の理念と同じだ。途中は困難だが、いつか人間と社会の解放をかちとるたたかいのなかで、かならずその正しさが証明されるに違いない。

　1937年のパンフレット『フランス語文法を4ページで』を書いたとき、私はそこに以下のような序文を付した。

張ったりをかまそうというのではない。文法教科書を全巻4ページに圧縮してしまう——なんなら3ページにでも——というわけでもない。ちょっと違った観点から、教師の仕事をとらえ直そうとしているだけだ。自分たちの教室に新しい言語学習のテクニックをとりこんだその経験を、できるだけ実際に即して簡約しようとしているにすぎないのだ。
　私個人についていえば、文法は得意分野ではない。ないどころではない!　1914年の戦争の後、私は半ば傷病兵として小学校に復職したのであるが、いささか驚かされたのは自分が文法の規則をほとんどすっかり失念してしまっていることであった。動詞の時制変化でなんとか区別できるのは直説法現在、半過去、未来形、条件法くらいなもの。単純過去の正しい呼び方は単純過去だったのか、歴史的過去だったか、そんなことも覚えていないし——いま、これを書きながらも、どっちなのかと首を捻っている。bijou, caillou, chouという、学校で暗誦させられた語呂あわせも、さっぱり記憶に浮かばない。
　私がくわしい区別など知らないのに、当然のこととして使いこなしているおびただしい代名詞、形容詞、副詞、前置詞については、言うも愚かである。そんなことは弁えていないけれども、私は私なりの思いをこめて小さな本を書いてきたし、ほとばしる筆で——ではないかと思っているのだが——自分の言い分を主張し、かと思うと、私の生徒たちのために物語や詩を書いてきた。大いに私を驚かせたことに、生徒たちはお仕着せの古典作品以上に、私の手づくり作品を喜ぶのだ。
　私は自分の無知に動じなかった。その必要があれば、私はちゃんと必要に応じて書いている。そのことが重要なのだ。そう私は感じていた。ほかのすべてのことは、すなわちややこしい文法細

則のあれこれは、学校がひねり出したガラクタの山にすぎない。18歳までのあいだ、ロクでもないことを教師だの教科書だのにこってりと教えられて私の頭ははちきれそうになっていた。だけど——なんとも、うまい具合に——十中八九までは惜しげもなく忘れてしまっていた。が、それにしても生徒時代に教えてもらったあの文法知識のなんと〈役立たず〉なことか。今日の今日まで実際に役立ったことなんてあっただろうか。ただ用語を覚えただけではないか、と、そんなふうに私は思っていた。

　爾来、私は教科書文法をおさらいしようとは、ついぞ思わなかった。私は後で後悔しないように先手を打って、とりあえず小学校で取りあげれば有益と思われることだけをここに簡約化した。

　うっかりするとわれわれは、頭のてっぺんから足の爪先まで先生然とした態度習慣を身につけてしまっているようだ。来る年も来る年も同じ原理を、同じ規則と同じ例外をしゃにむに教えて、それがすっかり習い性となり、自分の人生になってしまっている。同じ繰り言をくり返すのが教師の仕事でもあるまいに、そんなことはもう頭が受けつけなくなっていて、もっともっと大事なことがあっても、まるで鼻も引っかけない。

　文法や統辞法の規則を知らぬかぎり文章は書けないと請け合ってくださる大先生がたの声に、われわれはけっして耳を傾けない——教育者の先生がたは、小うるさい規則しか見ていない。そしてその規則が、生けるものを殺している。

　文法どおりに書けば、たしかに上手に文を書くことができるだろう、彼らにとって書くことはいわばスタイル上の義務を果たす、ということなのであって、ここでは形式は、しばしば思考と感情の不在を覆う仮面になっている。だが、いったいだれがそんなものを読むというのか？　はたしてこの子たちが、文法上の誤りが

どうのこうのという気づかいから解放されて表現する子どもたちのように、若い書き手の生活と感情の震えを闊達に伝える文章で、後世の人びとの、いや、現にそれを読んでいるあなたの、心を揺り動かす力をもつことができるとお考えだろうか？　この書き手たちは、それに成功している、と私は思う。強引な文の言いまわし、ようやくフランス語の体をなしているかのような言葉遣いにもかかわらず、だ。──わが教室で書かれた、このなんとも非アカデミックな古典作品の数かずに、とりわけスタイルの大胆さに(!)すっかり脱帽してしまった大学教授諸君もいるのであって、そのことについては後で述べることにしよう。生命は、かならず死んだ形式に勝利するだろう。文を書くことが、生きた、喜ばしい行為になる、そんな学校の明日がかならずやって来るだろう。それこそが子どもたちを文法的にも完成に導く王道なのである。

　自分たちの立論が、ある限定上で行なわれていることを、まずは断わっておかなければならない。文法の研究が、教育のどの段階でも絶対に無用であるなどとは、われわれはけっして言っていない。当然のことながら、われわれはみずからの仕事の条件と成果をよりよいものにしようとする小学校教師として、その立場でものを言っている。他の段階でのフランス語教育で、文法がしかるべき位置をしめる可能性がある、いや必然性すらあるということについては、われわれはなんら異を立てる者ではない。
　いまではわれわれの経験は年季を積んで確固としたものになっているのであるが、それは文法の規則を知らなくても完全にフランス語を書けるようになることを証明している。文法規則をフランス語学習のベースに据えることが学校教育の陥っている誤りであるとするならば──本当にそうであることを私はこの本で明らかにしようとしているのであるが──われわ

れは新しいフランス語教育のあり方を、自然で知的でもっと効果的な方法を、ともに模索し、広めていかなければならないことになる。

　ご承知のことかと思うが、この問題は、教育の現在と未来にかかわり、それを左右するほどの重大な問題なのだ。

2 綴字法[正書法]の学習にあたって、文法は役立つであろうか?

　議論を整理するために、文法と正書法(オルトグラフ)(綴字法)を分けて考えることにしよう。読者も、このふたつの概念をあまりにも恣意的に混同している虞れがあるからだ。

　綴りを学ぶことは現代では昔以上に重大事と考えられていて、絶対不可欠の優先要素とされているようだ。それが重視されるのは、文化のため、などではない。人はとりたてて文化のことなど心配してはいない。要するに学業成績を序列化するためであり、受験に備えてであって、そのこと自体が問題なわけではないのだ。

　文法と正書法は、根本から異なるふたつのことだ。フランス語文法は、思想、感情、事実を表現しようとするときに適用される正しい国語文章表現の規則をわれわれに教えてくれるのだが、その語法やコード規定は、法令や試験制度などでも変化する多少とも移ろいやすい制度でしかない。われわれが、こと初等教育においては不適切であると言っているのは、この文法にほかならない。

　正書法にいたっては二次的な付けたしを出るものではなく、言語の完成とも文化ともさしたる関係はない。フランス語は申し分なく書きこなせても、スペルにかんしては不十分で、教育者の諸先生や校正者諸氏の顰蹙を買うということはよくある例だ。

　こんな疑問すら、われわれは提起できるのではないか？　正書法は、学ぶに値するものなのだろうか、と。世間が、監督官庁の通達が、試験制度が、それを要求しているだけではないのか。しかし、この公的な要求なる

ものは、明日にも変わりかねないものだ。われわれとしても、そうあってほしいと思う——正書法の改革はいま政府の委員会に付託されているし、学校が金科玉条とする綴りを声高に要求する声は下火になっており、自然でノーマルな言語学習への不当な風当たりも、いずれは収まることになるのかもしれない。この問題をまともに考える者ならば、綴字法教育の重要性を言いたてる声に賛成する者など一人としていない。まったく末の末の問題でしかないからである。

　アナトール・フランスはかつてこう記していた。「コルネイユからヴォルテイルにいたる偉大な古典作家たち、そしてルイ14世自身もまた、正書法などというものを意に介さなかった。……正書法を喧しく要求することによって子どもはかなりの時間を浪費させられているし、人智の発展はずいぶんと妨げられている」。

　『綴字法を学ぼう』の著者E.トリブゥィヨワも、こんなことを書いた。

> 「リシュリューがアカデミー・フランセイズを創立し、そこで母国語の語彙の正書法があらたに制定されたのですが、当初においてそれはまだ多分に不安定なものであって、ですから偉大な書簡作家として知られるマダム・セヴィーニェのようなお方、あるいは彼女と同時代の貴婦人がたも、いまでは信じられないような間違いだらけの手紙を平気でとりかわしていたのです。つぎの18世紀になってもフォントネの戦勝者マレシャール・ド・フランス殿は"Ils veule me faire de la Cadémie; cela miret comme une bague a un chas.（彼らは私をアカデミー会員にせようとしているが、それは針の穴（シャ〈ス〉）——猫（シャ〈ト〉）と類音——に指輪というものである）"などと記しても、いっこうに面目を失うことはなかったのです」

マルセル・コアンも言う。

「もうだいぶまえのことだが、だれかが私にこんなことを言った。〝（フランス語の）文法とは、アカデミーの正書法を会得する術のことだ〟と。ところがこの正書法なるもの、あまり出来のよいものではない。しかし、いったん従わねばならぬとなったら、なにがなんでもそれを正当化しなければならない。こんなふうに理解された文法は、もう抑圧の具となるほかはない」

コアンの大著『フランス語史：ある言語の歴史』には、こんなことも記されている。

「アカデミーの正書法は、あらゆる改革の試みにたいして抵抗した。それは社会的保守主義者たちが言語を楯にたたかう城砦の櫓であったのだ。この問題は、些少な、とはいえ重要な社会問題でありつづけている。教育にわずかな時間しか割くことのできない貧しい民衆の子どもたち、富裕な階級の子どもたちにくらべて本を読む時間は少なく、手持ちの本もない子どもたちが、そればかりが不釣合いに肥大した正書法の授業に悩まされ、他の方面の教育がそのしわ寄せを受けている。教師は正書法と聞いただけで怖気をふるう始末だ。試験をパスしてなにかの職を得なければならない若者たちにとって、それは厄災そのものだ。どんなにぱっとしない仕事でも、公私のいずれか、たとえばの話、タイピストに雇ってもらうとなれば、この正書法のテストを通らないと仕事にありつけない」

というようなわけで、この問題、いわゆる正書法の問題については、も

うちょっとだけメッキを剥がしておくことにしよう。

　伝統的な教育は、ひとつの堅固な信念に立脚して行なわれている。それは綴りの正否を決するのは——もっぱら——規則である、という信念だ。ところがフランス語の書き方は、いささかも論理に適ったものではない。もっぱら場当たり的に規則が適用されているにすぎない。こんなにも例外また例外の連続では、そもそも規則の体をなしているとはいえない。

　上掲書『綴字法を学ぼう』のなかでE.トリブゥィヨワは、正書法にたいするこの種の疑問を数えあげている。

>「教師諸君、フランス語の教師諸君、作家諸君、そして学者諸君を悩ましていることとは、なにか？　二重綴り、それとギリシャ語起源の古語の綴り、といわれているものだ。二重綴りにはほとんど常時、悩まされている。私はかなり自由に書きこなしているつもりなのだが、それでも進退に窮して立ち止まることがある。立ち往生したときの結論はひとつしかない。最初にやったら、とことん、それに倣え」
>
>「そう言っていたのはエミール・ファゴットなのだが、彼の正しさを否定はできない。最初にやった者たちに倣って、そのとおりにやらなければならない。それがわがフランス語の正書法であり、お気の向くままに持ちこまれた複雑な規則だの例外だのが、そこには充満している。無価値な博識のひけらかし、いくらでも目につく数多の誤り、漢文もどきの瑣末趣味、無用の複雑さのオンパレードだ」

　それらはどれも、語源がそうなっているから、とか、元のかたちの名残（なごり）である、という理屈でごまかされている。

　それにもかかわらず、あたかも論理的で、あたかも真理であるかのよう

に、それがまかり通っているのである。論理的であるとは、嘘も甚だしい。われわれは一方で、préfet(知事)とか effet(結果)と書いているくせに、他方では parfait(完全)とか satisfait(満足)と表記している。4つの語は語源的には同一語なのだ。

　学者たちがその特権を利用して、こうした語に権威を与えたわけではない。ありもしない学識をひけらかそうとする一知半解の属僚たちが、15世紀から16世紀にかけて、あちらこちらからかき集めた大義名分を掲げて、これらをでっちあげたのだ。フランス語の一群の子音は、いまと同様のややこしい二重綴りになってしまった。賢明にも中世の人びとは、そんなことには無頓着だったのに。

　「正書法には、フランス語の場合、どこか宗教をおもわせる権力的な性格がある」と、F. ブルノーは述べている。

　彼の論点に、われわれも同意しないわけにはいかない。すなわち、フランス語は、論理にもとづいて構築されているわけでも、規則や原理に立脚しているわけでもない。昔の「作家」たちの、あるいは有象無象の書記官たちの、気ままな筆の走りによってかたちづくられたものにすぎないのだ。

　だとすれば、規則や原理を勉強したからといって、それでフランス語の語彙の綴りを学んだ、ということにはならないだろう。

3 | フランス語を学ぶうえで、文法ははたして必要なのか

　だから正書法(綴字法)は、言語教育においては、さして重要な問題ではない。さも重要げに言いたてる俗論は多いし、うっかりすると、人はそれに流されてしまうのであるが。

　もうひとつ、話題によく登るのは文法の問題だ。これは言語学習とその運用にとって、欠かすことのできない要素であると考えられている。

　綴りの問題についていえば、間違いなく綴れるというだけでは、まるで話にならない。くり返して言うが、そんなことはその場かぎりの、とくに学校でだけ重んじられる価値にすぎない。だが、たんに正しいだけでなく、達意でかつ感情のこもった自己表現ができるということは重要だ。巧みに、思うとおりに言語を操れる能力、説明し、説得し、人の心を動かす力は、たんに正しく綴れるということとはまったく別種の能力なのであって、これからの時代にあってわれわれの行動と生活を長く条件づけるのは、まさにこの言語能力なのである。

　だからそこに到達するための方法を確かな眼で見極めていくことが、とても大事なのである。伝統的な方法が破産していることは一目瞭然である。それゆえに、われわれはもっと効果的な方法を探索しているのである。

　雑誌『国家の教育』の最近号に、ピエール・ベルナール・マルケ氏の筆になる「書付」が掲載されていて、この短文で同氏は学校型通念の「イロハ」をつぎのように要約してくれている。

　　「文法、句読法、初歩の修辞法をさておいて、よく書けるように

なるとでも言うのだろうか?……」
「デッサンができずに、偉大な画家になりうるであろうか?……」
「音階もハーモニイも知らずに、真の、よき音楽が作曲できるというのか?……」

どうやら、答えは自明と決めこんだうえでの問いであるらしい。首などかしげるのは、われわれの一味だけ、ということのようだ。よかろう。われわれは実験をとおして、この種のご託宣を覆すに足る確かな証拠を固めているのだ。

己れに独自性と重要性を与えようとして、そこならではの独特な学習と生活の様式を捏造したのは、「学校」すなわち小中高全段階を通じての学校制度にほかならない。そこで行なわれていることは学校にだけ通用するものであって、実際の生活とはまったく無縁だ。

学校が暗闇キノコのごとく夢に見るのは、マシーンである。部品はあらかじめ用意されていて、それをつなげたり配列したりすれば、機械は動く。思想や思想の表現も、機械に似た仕方で組み立てられていて、機械に似た仕方で動く。言語学習について言うと、第一段階の部品づくりに相当するのは、当然のことながら規則と原理の完全な知識であって、これなしにどうして機械が動くのか、という話になる。まことに論理的といえば論理的である。

スコラ主義者はこの論法で手もなく丸めこまれるし、生徒たちも、それで説き伏せている。生活とは無縁なシステムのなかに封じこめられた彼らは、なんとも皮肉なことに、われとわが家族の生活実践そのものから目を背けることになる。学校の原則は、彼らが生活のなかでやっていることには絶対に適用されない。先生が、家では一家の母であるとしよう。生徒と一緒にいるときは学校方式で機械を運転するかもしれないが、自分の子どもを相手にするときはどうだろうか。言葉も、歩き方を覚えるのも、もっぱら自然方式だろう。教授先生が自動車を入手したとしよう。教授先生だ

からといって、運転の覚え方にとくに相異があるわけではない。彼は世間と同じやり方で、言いかえれば「実験的模索」というすべてに勝る自然なやり方で、運転を覚えていくだろう。

　生活環境のなかでの自然な学びの方法で、学校の失敗が多少なりとも補填されていることは火を見るよりも明らかで、学校は大いにその恩恵をこうむっているのであるが、教師諸君はそのことに気づいていない。彼らは同じ擬似科学的な手法で子どもたちに自転車の乗り方も教えられるという。もしかすると弁舌さわやかに、そのやり方をあなたに説明してくれるかもしれない。学校の方式がつねにそうであるように、手順というものがしっかりと規則化されていて、必要なことはすべてマニュアルに細々と記されている。まず第一歩から始めることが肝心だ。つまり機械の部品の説明から始める。図入りでチェーンの仕掛けとペダルの動きが説明され、ついで車輪の平衡と進行方向についての解説だ（もちろん科学主義者たちのことだから、二輪車の場合、車を走らせていないとバランスがとれないことは、おそらく説明してくれるのだろう）。

　そんなとき、自分の口先だけでの説明にうすうす物足りなさを感じた先生がいて、少しばかり自分の教育を現代化しようとして、学校に本物の自転車を持ちこんだりすることがあるかもしれない——規則上許されれば、の話であるが。もちろん、通路を走らせるようなことはしない。自転車は慎重に台座のうえに置かれて、生徒たちは順番を待ってつぎつぎに実物練習をするのであるが、その順序段取りは方法的にしっかりと規定されていて、必要な手順を遺漏なく踏んでいかなければならないのだ。

　さて課程修了。子どもはこれで自転車に乗れるものと見なされる。子どもたちは教室から放免されて、普段の暮らしに帰る。

　あれ！　なんという奇蹟。子どもたちは立派に自転車を漕いでいる。先生なんかよりも、ずっと立派。これで完全に成功が証明された。方法の効果は100パーセントである。

仮にもっぱら学校でだけ自転車を習った生徒が教室から解放されたとしよう。早速に自転車を漕ぐのだが、溝に突っこむやら、向こうから来る自転車と衝突するやら。え、どうしたんだい？

　先生の説明をおとなしく聞いていた子どもが教室を出ると、歩道に乗り捨ての自転車が放置されている！　その瞬間、子どもは、先生のなくもがなの教えなんか綺麗さっぱり忘れていて、もっぱら「実験的模索」で自己学習をはじめているのである。彼は自転車にまたがる。気をつけろよ、草に隠れているけど、あそこに溝があるぞ。うっかり突っこむと転ぶぞ。と、こんなふうにして、大空の下、世間のガキたちと同じように、彼の自転車乗りの第一歩がはじまるのである。

　一回目にこけても、子どもはまた立ち直る。必要ならば、ちょっと泥を払って、自転車を点検して、二度目の挑戦にとりかかる。今度はもうちょっと遠くまで走るが、また失敗。同じような練習を何度かくり返していくうちに、子どもは乗れるようになっていく。が、自転車の構造を知っているわけでも、ペダルのことも、ご大層な平衡原理とやらも知っているわけではない。当人たちにとっては、それはもっけの幸いだ。理論のことなど考えて、そのために「実験的模索」が妨げられるようなことになれば、彼らの試みはきっと暗礁に乗りあげることになるだろう。はじめから平衡がどうのこうのとは考えない、だからこそバランスがとれるということは、だれもが経験的に知っているものだ。ペダルやハンドルを知識のハンダで貼り付けたら、迷走は避けられない。

　子どもたちが勝手にやっているこの練習が、先生がたの眼には止まらない。だから自画自賛で、自分たちの教えは大いに生徒たちを裨益したなどと思いこんでいる。そら見ろ、100パーセントの成功ではないか、などとうぬぼれている。

　フランス語の授業だって、同じではないか。理科の、算数の、美術の、学校の全教科について、同じことがいえるのではないか。

4 文法が無用だとするならば、恣意的なその教えこみは無用であるどころか有害である

　伝統的な学習方式が誤りであるとすれば、それを学校のなかでふり回すことは有害以外のなにものでもない。

　規則の暗記が危険であるだけではない。学校教育が子どもの生活のなかに、彼の振る舞いのなかに持ちこんでくる乖離作用が危険なのだ。

　5歳から6歳くらいの子どもは一種のイメージ言語で自分を表現する。それはしばしば詩的なもので、親たちはついつい魅了されてしまうものだ。10歳から11歳くらいになると、子どもはなんでも話せるようになっている。土壌は、もう十分に肥やされているのだ。

　学校に行くようになると、子どもは、お利口さんに席に座って腕を組み、口は利かずに、規則どおりに書くことを覚えさせられる。教育者の生徒にたいする態度は、あたかも、こんなことを喚きたてているかのようだ。

　「なんだって！　おまえは自分が書けるとでも思っているのか！　いまここでやっていることはな、遠足のこととか、家族のこととか、おまえたちの心のなかにある話をしゃべることではないのだ。よいフランス語を書くのは、たいへんに難しい。まず規則を知らねばならない。それから私の指示する練習をすることだ。でないと、おまえたちは無知蒙昧のままでいなければならんぞ」

　人はついつい、その気にさせられてしまう。それで規則を勉強する。教科書の指示するとおりに書く。勉強を積んで、正しく書くことを覚える。子どもの文章の魅力はどこかに吹き飛んでいる。言うべきこと、それがなにもないのだ。生徒たちには、もう好奇心はなく、口を尖らせたおしゃべ

りもなく、そもそもしゃべるべき思想がない。しゃべるべき思想を用意し教えてくれるのは先生なのだ。かくして目出度くCEPE(初等基礎教育)の修了作文を書く段階に到達するのだが、書かれる文章は正しく書かれているとはいうものの、思想も感情も空疎で、泣けてくるように凡庸な文章なのだ。

　こうして学校は営々辛苦のあげく、膨大な無筆の子どもたちを生みだしていく。読み書きは習ったものの、自分たちの暮らしの困難、感じている歓び、苦労や夢を自分の筆で表現することのできない子どもたちを。彼らは、異なる環境で暮らしている外来者に、自分たちの感情を翻訳してもらわなければならない。が、その翻訳(traduire)とは、多かれ少なかれ裏切り(trahir)なのだ。

　仮に人民のなかに語り上手な者がいても——この場合はまだ規則の遵守は求められない——作家がいないとすれば、人民はまだ成年にたっしていない、という話になるのだ。

　さらにこういうこともある。規則や準則にたいする恐怖、あるいはそれを言いたてる連中への気兼ね、そうした要因が強くはたらくと、個人本来の力は萎えしぼんで、文化の問題すべてのまえですっかり腰が引けて消極的になってしまうのだ。演劇でも踊りの領域でも、あるいは音楽や科学的実験、さては建造物の建設の分野でも、不撓の大胆さを示してやまない彼らが、である。

　苦情を述べ立てて終わるつもりはない。

　いま、生活をまえにして、無慮無数の子どもたちが変調をきたし、不適応に陥っているが、誤てる教育方法は、そのことに大きな責任を負っているのだ。それがなにより証拠には、正常な空気の流れを回復し、自然な自己表現を促し、建設し創造することに子ども同じませるならば、彼らは昂然とうなじをあげ、大胆で生気に満ちた眼の輝きをとり戻し、みずからの知識を生活の智恵と統合し、もはや受け売りの寄木細工ではない文化を

——行動し創造するダイナミックな力としての文化を、獲得していくことができるのだ。

　そうした子どもたちは、もう黙って聞いているだけでは満足しない。みずからの環境を変え、立ちふさがる困難を克服するためにたたかうときも、もはや代弁者のごときを必要とはしない。彼らはもはや、多かれ少なかれ遅れをとった学校生徒なんかではない。彼らは人間となるのだ。そのときなのだ、学校がみずからの使命を果たしたと、安堵の胸をなでおろすことができるのは。

5 文法の練習

　自然方式の手探り実験を行なうことで生ずる不十分な点を補うために、われわれはいくつかの練習が必要であると考えているのだが、そのなかでとりわけ有効なのは以下の作業だ。

　　テクストを集団で推敲する

　たとえ大人で、かなりの訓練をうけている人でも、一発で完全な文章を書くというのは、なかなかできることではない。

　文章を見直す、推敲をほどこして完全なものにする、それをあたりまえのこととして子どもも身につけなければならない。たんに学校で必要だからではない。大人もそれに馴染まなければならない物事の道理であるからだ。

文の構成

　そもそもの出だしで、しばしばバランスを崩している。前置きが、だらだらと長いのだ。子どもはつねに思考を集中できるとはかぎらず、ずばり本題に踏みこんで書くのが苦手だ。そのために前置きが長くなって、退屈なものになってしまうのだ。

　これは子どもに限ったことではない。夢中になってしゃべっているのだけれど、枝葉ばかりに手間どってしまって、聞いている側は「早く本題に入れよ」とチャチャを入れたくなってくるのだ。

　多かれ少なかれ人工的なものにすぎない規則を引きあいに出してこのこ

とを説明してはならない。生活経験をとおしてそれを語れば十分だ。時間は限られているよね、印刷するスペースがないよ。あるいは、近頃の流行語を使って説明したっていい。「ここはフラッシュを当てようよ」。

　よくできた模範作文のように、かならず結論をつけて、なにやら教訓めいたことを言う必要なんて、まったくない。反対に、含みをもたせたオープンエンドの言葉で最後を締める例はいくらでもある。読者は寛いで、その後のくだりを自由に想像できる。お手本になりそうな実例を見つけだすのは、いとも容易だろう。

文の意味内容の明確化

　文章もそうだし、口頭の話でもそうなのだが、子どもは枝葉に力点を置いて、大事なことをすっ飛ばしてしまったり、説明がひどく主観的で、誤解にもとづくものであったりすることもある。なにか欠けているものがあるぞ、不正確で不十分だ、と思わせてしまうのだ。

　生徒たちが参加して、その文章を完成させ、彼が真に言おうとしていることを明確化していく作業、それをわれわれは期待しているのである。

統辞法、すなわち作文の指導

　その目的とするところはなにか？
　フレーズは完全に理解可能なものでなければならない。だからして、フレーズがあまりに長いものにならないように、冠詞や代名詞の濫用、動詞の誤用を回避し、誤読や誤解を招かないように配慮しなければならない。
　子どもは、文のバランスと調和を本能的に感じとるものだ。文の調子を調えるためには唐突なくだりには補足を入れ、下品な言葉や大げさな語を変更し、テクストが不協和に響かないように変える必要がある。
　このテクストの作成は、その傍らでデッサンや絵を画く子どもたちの作業とも呼応している。モノクロな字面にその筆が加わることによって華麗

な奥行きが生まれてくるのだ。

　当然のことながら、この文を調える作業を促し指導するのは教師の役割である。この作業はひじょうに繊細で、一律にこうと決めることのできないものであるから、そこに文法などを持ちだしても仕方がない。それは真の意味での推敲、文を磨きあげる行為なのであり、ことこの種の行為は「手探り実験」で行なっていく以外にないのである。

　伝統的な作文指導で通常とりあげられるのは、使い古された名句であり、文飾である。われわれとしては、借り物の文飾よりも、子どもの細やかな表現を大事にしたい。重要なのは書き手の心であり、その美的なセンスなのだ。この推敲作業は大人のそれと正確に見合うものだ。子どもたちが感覚を高度にとぎ澄ませながら自分たちの詩作品に集団的に彫琢を加えていくプロセスは、まさに作家や詩人のそれを彷彿させる。確かな規矩などというものはない。書いては消し、また書き直し、ふと思いついた表現に足をとられて、後で手こずることもままあるのだ。文学の創造にともなう複雑性がそこにはすべて出そろっていて、しかし、であればこそ、そこには人を熱狂させる豊穣な力が孕まれている。

　他方、自分たちの文章を検討する作業のなかでは、大人のそれであれ子どものそれであれ素敵に書かれた文章は、成功のお手本例としてやはり重要な意義を帯びている。これもまた「手探り実験」の過程の一部なのである。それゆえに資料カードや「学習文庫(Bibliothèque de travail)[訳注7]」

[訳注7]Bibliothèque de travail：教科書と「授業」を否定するフレネ教育運動は、それにかわるものとして、さまざまな学習用資料を作成・蓄積してきたが、bibliothèque de travail(略称BT)と呼ばれる小冊子形式の百科全書もそのひとつである。
約1000点のBT本体のほか、やや高年齢の読者を念頭においたBT2、低年齢児童のためのBTj、グラフィックなページ構成で理数・技術・芸術分野などの諸テーマをとりあげたBTsなども、数百点に達すると思われる。
travailという語が労働や仕事とともに「勉強」という意味にも使われることからBTは「勉強文庫」と訳されることが多いが、ここではとりあえず「学習文庫」とした。

のかたちで、作家や詩人たちのよく書かれた文章を手許に保管しておく必要がある。似たような状況に置かれたさいに、他の人たちはどんな言葉を使い、どんな文章で、その出来事に直面したときの自分の考えや反応を活写しているかを、タイミングよく読んで聞かせるのである。

　伝統的な教育の誤りは、言語教育の出発点を作家の文章に置いていることだ。最初に来るのは、つねに子どもの表現、彼自身の創造行為でなければならない——自分の書いた文章や詩が、クラスのみんなに選ばれて印刷されるという栄誉に浴した。作家や詩人と同じように、書きながら七転八倒した。どうもすっきりしないぜ、と思ったり、うまく行ったぞ、とほくそ笑んだり。そんなときなのだ、他人の作品の値打ちが本当にわかるのは。そのとき最高に研ぎすまされたその感受性の下で、作家たちは一気に彼らの身近な存在になる。と同時に、子どもは能動的で的確な、目利きとしての批評眼をも獲得していく。

　教育は、このことをあまりにも没却してきた。建物の建て方について、その素材や用法について、あれこれと教えてきたのかもしれないが、それらは言葉にすぎなかった。一人ひとりの生活や行動に影響を与えることはなく、だからして人びとの人生に消えない痕跡を残すこともなかった。

　もしもあなたが実際に家を建てるならば——つねにうまくいくとは限らないが、それでもモルタルの危うさ、レンガの脆さ、そして柱の堅固さを身をもって知りながら、「手探り実験」をつづけていくならば、そのとき、あなたは他人の経験にたいしてより鋭敏になり、早く、そして確かな、人も驚くほどの長足の進歩をとげるだろう。これこそが自然な方法としての手探り実験の真正な道なのであり、それは規則の教えこみに立脚する注入教育のよくなしえないところのものなのである。

　だからしてわれわれは、この教育のための準則などはいっさい設けない。ただ事例があるだけであって、定石などというものは存在しない。あなた自身が試みながら、この新しいテクニックを自分のものにしていけばよい

のだ。師範学校で取りあげてもらったり、本や雑誌に書かれて、われわれの成功が広く一般のものになることは大歓迎であるが。

6 言語は手探り実験をとおして習得される

　伝統的な綴字法が信用に値しない理由は他にもある。口頭言語と同じように書記言語も、実際のところは手探り実験でしか習得されていないのである。綴りの学習において規則に訴えている者など、じつはだれもいないのである。学校教育に条件づけられて、規則と首っ引きで文字を綴るようになった子どもたちが仮にいるとすれば、彼らは十中八九、規則をねじまげて使うことになるだろう。たとえば、ディクテ(書き取りテスト)のとき、教わった規則にしたがって書いている生徒など皆無に等しいことは、だれもが知っている秘密である。いろいろな綴りをひねり出してはノートを埋めているのである。自分の経験から見当をつけて、書けと言われた単語を綴っているのである。これはきわめてれっきとした手探り実験である。グラフィックな視像、文字の写りなどをいろいろ考えながら、試行錯誤的に調整を行なっているのである。

　これが綴字のプロセス一般に通ずるものであることを推測するのはたやすい。試みに自問して見給え。綴りに強い生徒は規則をよく知っている生徒だろうか、それとも私たちが推断しているように、ふたつのことにはなんの関係もないのだろうか、と。読者がご自分の経験を思い返せば、すぐに判断のつくことだ。

　科学的であると自称する教育者たちがつねに誤った前提から出発し、自分の頭のなかにしかないプロセスに依拠しているがために自縄自縛に陥っていること、そのため癌や白血病と並んで不治の現代病とされている難読症にたいしてもまったく無防備さをさらけだしていること、それはこれま

での叙述をふり返っていただけばおのずと明らかだろう。

　実際のところ、規則を教えこむことと文字に書くこととは、まったく別なふたつのことである。文法規則をすべて暗記していて、初等教育認定でそれを書けと言われれば完璧に解答できるけれども、書く綴りは滅茶苦茶な子どもの例は挙げていけばキリがない。

　要するに見立てが間違っているのである。われわれが必要とするのは、真の解決を見つけだすことだ。

　理論家であれ実践家であれ、およそ専門家と呼ばれる諸君にとってすこぶる不愉快なことに、言語と同じようにエクリチュールも、システマティックに操作すればよい機械の類ではないのである。それは生きることの一部なのだ。単語の姿かたちは語源や教師が恣意的に課する規則によって決まるのではなく、文のなかでそれが使われる使われ方、言うなれば対話的にそれらの語が相互に帯びる意味、諸語の響きあい、思考と行動の諸要素との結びつきなどによって決せられるのだ。それゆえ言語学習においては、語はつねに思考と生活を担ったものとしてある。真空のなかでは、そのメカニズムは発動しない。全体的なものとしてのみ、それはよく機能しうるのだ。まさにそのとき、書く行為は、学校の書記言語につきものの、あの惨状を免れるのだ。

　綴りというのは、言うなれば語の衣服のようなものだ。それらの語の結構(contexture)と独自な顔立ちは、論理や暗記式の記憶によってではなく、もっぱら感覚をとおして、いわば連続写真のそれにも似た仕方で、われわれの精神と行動に影を落とすのだ。画像を鮮明なものにしようとすれば、感度のよいカメラをもちい、感光板上に対象の姿がくっきりと浮かびあがるように特別な照明を当てるほかはない。

　相変わらず人がしがみついている、子どもに語を教えるやり方は、衣服の部分だけを示して身近な人の識別方法を教えているようなものだろう。黒い上着、灰色のズボン、水玉のネクタイ、そうしたものの細部を、それ

だけ数えあげるのだ。子どもは、けっしてこんなやり方では人を判別しない。したらとんでもない誤認をしてしまうだろう。ズボンと上着を取り違えたり、ネクタイを帽子と見間違えたり、当てずっぽうに相手を決めて無分別に衣服をまとわせてしまうだろう。

　認知のメカニズムはけっしてこんな単純なものではない。もっと複雑で、もっとセンシブルなものだ。とはいえ、そこには別種の確かさがある。子どもはひとつの影を見る。目ざとくズボンとネクタイを同定して、確信をこめて叫ぶ。「あ、パパだ!」。分析だの暗記だのの入る余地はない。学校が言うような意味での〝注目〟すら、必要とはされない。ひと目で十分なのだ。ずばりの一発が決定打である。

　読み書き行為のこのメカニズムが正しく理解されていないから、世紀の学校病である難読症がひき起こされる。語はひたすらニュートラルなものとして、子どもに教えられる。それは記憶もしくは脳味噌の上っ面の部分で受けとめられるだけだから、人間の生きてはたらく力となることはない。となると、ズボンだろうとネクタイだろうと構うことはない、手当たりしだいなものをまとわせておけばよい。だから、どうしたっていうのさ! しかし、それは習慣となって身についていく。もはや正常な回路は回復しない。

　解決に窮した専門家諸君はこの病気を先天的な脳障害だの、方向音痴だの、はてはグローバルな方法の結果だのと言いたてるのであるが、彼らはただひとつ、大事なことは言い忘れている。変えなければならないのは、書き方指導であり、学習の根本原理の再考こそが求められているのである。必要なのは、学校的な方法を自然な方法にとって代えることであり、そうすることによってこそ、語と文は一人ひとりの子どもたちの暮らしの息遣いのなかにしっくりと溶けこんでいくことになるだろう。

　保健の分野と同様に学校教育の分野でも、病気や症状をあげつらっているだけでは片手落ちなのであって、失調の根本原因である誤りを正し、生

命本来の確かな動きを回復することが必要なのだ。

　とりあえずざっと問題点を一瞥したが、正書法教育の不条理性をこれで言い尽くしたことには到底ならない。われわれは現用綴字法といわれているものをここでは重点的に考察してきた。そのなかにはたしかに文中の位置によって語形変化を規定するという、われわれが目指している真の文法の趣旨に合致するケースも、若干は見受けられる。

　しかしながら、反復訓練を積み重ね、ひたすら記憶と「暗記」によって、現代心理学の用語でいえば条件付けによって、正書法を叩きこもうとする制度化された訓練にたいしては、われわれは依然として告訴状を叩きつけないわけにはいかないのだ。

　小学校教師のなかにはこの方式ですっかり洗脳されてしまっている教条主義者もいて、もしもこの訓練がなくなってしまったら、空いた授業時間をどう穴埋めしたらいいんだと居直る者たちもいる。なにしろ現行の文法教科書のページは、この種の練習問題で埋め尽くされているのだから。

　というわけで彼らが当てこんでいるのは、自動的なメカニズムだ。言われたとおりに覚えるのが得意な少数の子どもたちにとっては、このメカニズムは有効にはたらくのかもしれない。しかし、その彼らにしても、さっさと覚えた以上は、それをまたくり返す理由はない。他の反復訓練が必要と見なされた生徒たちは、なにしろいやいややるのだから、すぐに根が尽きてしまう。つまり何度やっても、その効能はのっけから破壊されてしまっているのである。

　こうなるともう文法の世界などではなく、記憶術の領分である。他になにかのよい手立てがあるわけでもないから、それに頼ってやり過ごしてきたのかもしれない。成果についての幻想があるわけでもなく、情報もなくて、ただそうしているだけなのかもしれない。だとしたらその労働は、ただのロボットの労働、その場しのぎの糊塗策を出るものではないだろう。

　しかしですよ、と言う人もいる。学校や試験では、綴りの正しさを厳し

く求めますからね。われわれとしてはそれに従うほかはないのです、と。

　教育者諸君の、そして当局者たちの注意を喚起して、われわれは再度いわざるをえない。それは見かけ倒しのごまかしであり、手段を自己目的化する教育の滅茶苦茶さを露呈したものでしかない。

　特別な才能に恵まれ、普段はとくに問題を感じさせない数少ない子どもは別にして、大多数の子どもたちにとって、学校が押しつける練習、基本的な動機づけがなく、目的なしにただ義務としてこなさなければならない学校の練習は、つねに無用であって、それゆえに危険である。

　子どもたちが教科書の練習問題をやっている場面をご覧になるとよい。長い単語のリストがあって、それを複数形に変える練習だ。最初は正しく答えているのだが、だんだん頭を素通りした操作に変わっていって、最後にはいたるところ間違いだらけになってしまう。あるいは、動詞を人称別に活用させる練習。主語が一人称単数の je(私)なら、二人称の tu(君)なら、三人称の il(彼)ならと、人称、さらには時制に応じて語尾を変えていく。ここでもまた同じような風景が現出する。

　こんな作業が本当に練習の名に値すると、あなたはお考えなのだろうか？　仮にあなたの厳しい監視の眼の下で子どもが間違いなく動詞を活用できるようになったとしても、そんな練習が当人に役立つと確信をもっていえるのだろうか？　少なくとも反射神経くらいは鍛えられるのだから、やはりなにかのトクにはなるのだろうと、あなたはそんなふうに言われるのだろうか？

　よく引きあいに出されるのは、初等教育修了免許試験の受験者の例だ。フランスには Je suis parti(「ぼくは出ました」)をそうは言わずに J'ai parti と活用させる地方がある[訳注8]。だが、この誤りを訂正できない受験者がいる、というのだ。

　　[訳注8]場所的移動を表わす動詞については例外的に助動詞として
　　avoir ではなく、être をとるのがフランス語文法の一般的な規則である。

第3部
文法の自然方式

249

愛想が尽きた先生は、ある日の午後、partir の複合過去を100回、反復練習するように子どもに命じて、自分は釣り仲間の集会に出かけてしまった。戻ったのはもう夕暮れ時で、教室にはだれもいなかった。しかし、かの生徒は健気にも黒板にこう書き残していた。「先生、罰の書き取り練習は済ませましたが、先生がお帰りにならないので、ぼくは出ました──j'ai parti !」
　残念ながら、落とし話ではない。練習のための練習のなんたるかを示す、典型例なのだ。
　われわれは、正統文法を不要なものと見なしている。だがしかし、行政や親の要求を、なんとかならぬものかとは思いながらも、忘れ去っているわけではない。それにしても、被害はできるだけ少なくしたい。できるだけ知的に、効果的に言葉を学びたい。われわれの労働学校の方式をもちいて、どのようにしてその目標を達成したらよいのか、すべての個人が──あの雄弁な社会的理想のシンボルをもちいていえば──パンと、そしてまた薔薇を、己れの手にすることができるのかを追求したいのだ。

7 学校病の症候群

　われわれは自然発生性が万能だと言っているのではない。ただ鉛筆を与えれば、それで子どもは傑作を生みだす、などと考えているのではない。子どもの内部から生まれてくるものは、手探り実験の一般的かつ普遍的な進行枠組みのなかで、すなわち環境と生活そのもののなかで再定位される必要がある。私たちが言っているのは、子どもが豊穣で細やかで、芸術作品に不可欠なあの創造のバネを活かして自己実現をとげていくのは、つねに自然な方法をとおしてである、ということだ。

　子どもをなにも知らない存在、すべてを教えてくれる教師に唯々諾々と従属する存在としか見ない伝統的な教育の通念を破棄して——それはありえない虚構の建前である——われわれは、子どもの行動への、創造への自然な志向性、美を愛する心、自分を表現し外部化しようとする意欲を、自分たちの教育の出発点に据えるのだ。

　われわれは子どもの内なる芸術感覚を具現化し、行動をとおしてそれに磨きをかけたい。とりたてて言うほどのことではない。世の母親がつねにしていることなのだ。子どものなかにあるものを大事にして、彼らの文学的、詩的、科学的、数学的な感覚を育んでいくこと。そのことをつねに心がけることによって、われわれはスコラスティークな方式よりもはるかに高く、はるかに遠くまで、子どもたちの歩みを推し進めてきた。

　ところが学校は、子どもが7歳になると、絵画で、デッサンで自己を表わそうとしているこの子をとっ捕まえて、自転車に挑んだときに彼が垣間見せたあのインペタスを、われわれが流露させたいと願う彼の内からの力

のほとばしりを、伝統的な授業の定石で、模写だのなんだののカリキュラムで、恣意的に上から押さえつけようとするのである。燃えあがった炎はたちまち揺らめき、その輝きを消してしまう。これから開こうとしていた花弁は色褪せて萎んでしまう。

わがプロヴァンス地方には瘴気と塩分を含んだ雲がときどき海のほうから流れてきて、早朝、リンゴ畑の花々を、あるいはアネモネやカーネーションの蕾の間を吹き抜けて、壊滅的な被害を与えることがある。たった数時間のあいだに、緑の野は山火事に遭ったかのように枯野と化する。

学校病に早くからかかってしまった子どもの症状はこれに似ている。彼らはもうデッサンも絵も描けない。自分の考えを持つこともできず、先生や書物が運んでくれるエサを巣のなかで待ち受けている。翔ぶ翼はもう失せているのだ。

たしかに、こうした悪条件にも大なり小なり適応できる恵まれた子どもたちもいる。学校の悪い風にもめげずに、彼らは成功を収める。そのことが、学校でやっていることを誤魔化す免罪符にもなる。とはいえ、今日の生徒の大多数は癒しがたいまでの学校病を抱えこんでいる。さもなければ防御機制をはたらかせて、学校に反抗するか、不登校を決めこんでいる。彼らは不治の学校アレルギーに陥っているのだ。

学校への反抗の形態はさまざまだ。学習拒否、学校恐怖、多種多様な難読症、どれも根本原因はこの誤った方法、生命と対立し、それを無化しようとする教育方法にある。

他の病気についていえることが、学校病についてもいえる。ひとつは軽症の学校病だ。少なからず活力が乏しくなるし、軽微な、とはいえ多少とも深刻で決定的な行動の変化が現われる。「時間がたてば」と、お医者さんは言ってくれる。こうした病気は早々に治るし、後々も大して響かないもんですよ、と。しかし、最初の面倒見が悪いと、それは悪化して、あれよあれよという間に慢性化してしまう。つまり影響が後々まで残って、そ

れがからだに居座ってしまうのだ。となると、これを治すのは並大抵のことではない。背骨が硬直したり、足が痛くてならないリューマチ患者のようなものだ。適当な時期に手当てをしておけば、しなやかさをとり戻すことができたのかもしれない。他の人と同じように、歩いたり動いたりできたのかもしれない。だれもそんなことは思わなかった。しかし、病気が決定的にからだを冒してしまったいまとなっては、よかれ悪しかれ、その事態に早く適応して、痛風体質の人間にならなければならない。ぎこちなく、苦しげに歩く。この病気の影響で、心理状態、精神状態、社会状態も変わっていく。

　病気というものは、しばしば、しっかりとその人のからだにとり憑くものであるから、これはいったい病気なのか、それとももっぱら遺伝的な欠陥に由来するのかと、人は問うたりすることもある。出自も原因もわからない、だから治療はお手あげだ、ということになる。

　学校病のほとんどは、じつは慢性化した病気なのだ。一見、それほどの重病とは思えない。社会生活の妨げになっているわけでもない。しかし、そこには明瞭な失調が表われているのであって、その子の発達と将来は少なからずそれに影響される。この病気の研究はデリケートではあるが、急を要する。

　以上を読んで、教育者諸君はこう思われることだろう。おまえの言うことは大げさすぎる、われわれの教室では、そんなことはあまり起こっていない、と。伝統的な方法によってもたらされる子どもの生きる力の低下がそれほど顕著なものになっていないとすれば、それは環境が誤りを補正してくれているからである。村の暮らしのスタイルが、難破の一歩手前で、ほとんどラディカルな仕方で学校の誤りを正してくれているのである。子どもたちは畑仕事に参加し、自然のなかで活動し、本質的に好ましい雰囲気のなかで生きている。この矯正作用は肥大化する大都市や低家賃の住宅地区、労働者団地などでは例外的にしか機能しない。現代の公権力や親た

ちの抱える問題がよりセンシブルで抜き差しならぬものになっている理由は、明らかにそこにある。

　生まれてから成年に達するまでの全期間を、科学的と称する伝統的な方式で一貫して教育された生徒たちがいるとしたら、さてその先、彼らがどうなるか、わが教育界の諸君にとっては興味津々たる見ものだろう。

　そんな経験をした子どもたちは、生活が投げかける挑戦になにひとつ応答できなくなる、などと先走っていうのは、いまはさし控えよう。

　だが、学校の失敗は、まさにそのようなかたちで現われるのだ。

　識字（アルファベティサション）なるものをやらされてきた植民地諸国で、長年にわたって行なわれてきたのは、この種のことだった。

　子どもたちは、フランス語なんてまったく知らない。教育者は彼らを、いわば真っ新（さら）の状態と考えるわけだ。さて、そこで上記の教育方法がどんなふうにはたらくかを見ていこう。一方的と思われるのは癪だから、タボー氏の証言を引くことにしよう。その時代のモロッコの教育をとり仕切っていた人物だ。

　　　ユダヤ人協会大学が設立したモロッコ人学校では、教師たちは、フランス人小国民向けにパリで刊行された教科書を使用し、学習内容や時間割もフランスのそれを適用している。当然のことながら伝統的な文法も教えられている。

　　　初年度末の成果はまずまずであった。60名中の50名はすらすらと読めるようになった。ただし残念なことに、書かれていることが理解できているわけではない。

　　　その結果、以下のような現象が出来（しゅったい）している。初等教育修了段階の15歳の生徒はつぎのような文章を書いた。

ぼくのタバコ初体験

　喫煙。ぼくも口に咥えてみたいです。吸って、吐きだす。大人に見えるだろうな。自分でもそう見えるし、仲間たちも、きっとそう言うだろう。

　ある日、家を出がけに従兄弟のひとりが、ぼくに1本のタバコを手渡した。火をつけて、一息吸いこんだとたん、びっくり仰天だ。口中が苦くなって、目はちらちら、頭のなかはひっくり返って、額には汗が流れ、我に返るまではさんざんの醜態だった。父は、ぼくに、タバコを吸ったらどういうことになるかを、わざと思い知らせたのだった。タバコには毒があって、からだによくないからだ。

　出身は同じだが、CEPE の修了資格をもったもう一人の卒業生の文章は以下のようなものだ。

　私の成績優良なる旨を認証する貴方様の1940年10月7日付ご下状を有難く拝受いたしました。
　視学官であらせられます貴方様のご回答に従いまして、先だって申しあげましたユダヤ人協会に、貴方様宛てのお願いのお手紙をあらためて差しあげるべく申し伝えました。貴方様、すなわち視学官様が、学校開設の認可にあたる本市の所管首長宛に、私の名を明示した文書をお書きくださり、ユダヤ人協会が学校を開設するまでの間、私共にて学校を開くことができるようにしてくださるように、との趣旨の文書でございます。協会が学校を設立した暁には、ただちに交代いたす所存でございます[訳注9]。

[訳注9]多少整理して訳しましたが、原文は、かなりわかりにくい文章です

タボーの結論は、こうだ。

　一方は、文法を教えずにフランス語を教えた場合である。フランス語を話すことを教えたために良好な結果を収めている。まず口頭言語としてのフランス語の仕組みを生徒たちに体得させ、しかる後に書き方を教え、それを頭で捉え返すように仕向けている。
　もう一方は、ずいぶん努力を重ねたのではあろうが、かなり期待を裏切る結果になっている。子どもたちに正書法、語彙、文法を教えたのかもしれないが、話すことを教えていないからである。使ってもいない言語の文法を考えさせようとしているのである。
　文法を中心にした教育の重大な欠陥をこれほど明瞭に示すものはないだろう。言語の仕組みを確実に自分のものにするうえで、それはかならずしも不可欠なものではない。言語の真髄をつかもうとすれば、それだけでは不十分なのだ。

8 もっと授業を

　伝統的な勉強の基本は先生が行なう授業だ。教科書を使い、たいていの場合、そこには暗記用の要約事項と宿題用の応用問題が添えられている。
　これも勉強のひとつのやり方ではある。今日ではこのやり方が、その面目をほどこしている。いろいろと利点があるのは、ご承知のとおりだ。教師その人のイニシアティブや持ち味は最低限でよい。教師は機械的に教科書に従っていればよく、教える内容をどう「見るか」を問われることもない。師範学校での養成期間も、短く切りあげることができる。
　しかし、ものごとの不都合な点や危険性を指摘するとなると、われわれはどうしても腰が引けてしまう。代案もないのに批評するなんて、そんなの、非難にすぎないではないか、というわけだ。非難者は、つねに困難で、微妙な立場に立たされるものだ。
　長い経験を経て、われわれは自分たちがどこへ向かっているかをいまでは心得ている。だからあえてはっきりとこういうことができるのだ。課業だの授業だのに依拠する伝統的なテクニックは、文法学習でも、いやその他のどの教科においても重大な欠陥を露呈しているのであり、その薬効は極度に乏しいものになっているのだ、と。
　小学校教師は、ほとんどの時間、なんの確信も熱意もないままに文法やフランス語の授業をとり行なっている。こんなことではもうどうにもならないから、情熱などは湧いてこない。なにを説こうが会衆は白けた表情でただそこにいるだけという状況に立たされつづけたお坊さんのように、教師もやがて自分の身についた型を崩していく。だんだんにわかってくるこ

とは、子どもは身を入れて授業など聞いてないが、ほんのときたま、例外の瞬間があるということ、授業がある種の話題に触れたときに限って子どもの目が輝くということである。子どもは本来、受動的な振る舞いをする連中ではないのだから、彼らが乗りだしてこないからといって罰したり、テストで落としたりする大義名分は教師の側にはない。最善なのは、これまでに手応えを感じた実例にならって、つまりは子どもの生命の動きに寄り添って、彼らの興味や要求に応える授業を、表向きではない仕方でつくりつづけることだ。

学校にとって命取りになりかねないこの裏作戦の存在を心理学が明らかにする以前に、教師たちはこれまでの講義式授業だけでは不十分だと感じていて、そこで授業を増やすこと、授業を延長して、教科書のすでにやった箇所もていねいに反復練習する必要があると考えるようになった。これは授業をますますもって退屈な反復練習に変えるもので、厳しく監督の眼を光らせて真面目にやったかどうかを点検していかないと、成果などあがるべくもない。というわけで、暗記した授業内容を反唱させるいわゆるレジュメや練習課題などが、無闇に増量されることになる。

先生が授業で話したり、読んで聞かせているあいだは、生徒の側は聞いている振りを装えばよい。だが、レジュメとなると、覚えたか覚えていないかが、一発でわかってしまう。練習問題は○か、さもなくば×だ——まったく、これは始末の悪い強制で、生徒たちの生命を毒さずにはいない。とくに被害が大きいのは、出鱈目に、かつ非人間的に、やれと言われた記憶課題や練習問題のまえで悪戦苦闘を強いられる子どもたちで、実際のところ、それが子どもたちの大部分なのだ。

このように不毛で過重な勉強が、何世代もの学校生徒たちを悩ませ、勉強嫌いにし、残念ながら、学校を憎悪するように仕向けてきたのである。

かくして課業と授業の基礎をなしているのは、学校の諸規則と教育者たちがお手盛りで設定した強制権である。日がな一日、書物を手にした教師

が、授業で、課業の練習問題で、子どもたちを叱咤激励する教室——というのも教師その人は暗記などしなくてもよろしいわけで、これって、いささか不公平なのと違うだろうか——こうしたぎすぎすした雰囲気のなかで行なわれる教育に、子どもとの信頼関係や協力関係を期待するのは、木のなかに魚を求めるようなものだろう。なべての教育的営為は、この信頼と相互協力の雰囲気あってこそのものである。勉強が授業と課業を基本にしたものであるときに、そこにはつねにお仕置きが補足的手段として必要になる。

　ああ、教師が「上から」与える授業なるものを、われわれの教室から一掃することはできないものであろうか！　レジュメだの課業だのの一切を廃止できないものか！　そのとき学校は、子どもにとっても大人にとっても、もっと輝かしく、風通しのよいものになるのではないか！　勉強（労働）は歓びをともなうものとなり、偽善から自由になる！　みんなと力を合わせることが快い行為となり、同時に教師の役割がどんなに大きく変わることだろうか！　彼は真の生活の真只中で生きるのだ。

　われわれが自然方式による読み書き教育をとおして、歴史、地理、理科、算数、デッサン、絵画をとおして、つまりは学校の全教科を通じて具体化してきたのは、そのような可能性であった。

　それゆえにわれわれは全教科において学習のプロセスを逆転させ、規則や授業を起点に置くのではなく、実践と行動から出発した。

　大人の文章からではなく、子どもの生活から出発した。子どもが話す、あるいは書く自己表現から、すなわち自由テクストから出発した。これはいまではフランスの学校の正規の実践になっている——われわれのテクニックがはじめてかち取った、それなりにポジティブな成果のひとつといえよう。

　第1部で、私はバルの経験を述べてきた。それとともに、自由テクストによる読みの学習についてもふり返ってきた。われわれの自然方式の成功

と一般化は、ひとえに「手探り実験」によってもたらされたものであった。手探りの効果を身をもって経験したことのない人には——はじめのうちはさして意識的な行動ではないが、しだいに実験的になり知的になっていくのが、その特徴であるのだが——われわれの出発点の正しさは理解できないだろう。

　学習過程を生気あるものにするための中心的なテクニックとわれわれが考えているこの手探り実験は——生気を絞め殺すことに忙しい教育学の大方の考え方とは異なって——知的・体系的な教えに導入するための——素早く通りぬけることができれば、それにこしたことはない——たんなる予備的なお遊びではない。手探り実験のなかの子どもは、意識的であろうがなかろうが、たえず応答を模索している。生活が彼にさし出す複雑な問題に、的確に、かつ建設的に応えようと、探究をつづけている。彼はたんに知るために模索しているのではない。出来事と渉りあって、できるだけ大きな獲物を釣りあげようとしているのだ。

　子どもの模索は、つねに欲得づくである。お目当てというものがあるのだ——直接的であるかないかは別にして。自分のなかに力を漲らせたい、生をめざすたたかいのなかで、できるかぎり大きな成功を収めたいのである。

　子どもの好奇心には、直接的であるかないかは別にして、つねにある目的がある。この目的性はともすると大人の通念とは大きく隔たったものであるために、われわれ大人は、なにが彼らの好奇心をひき起こしているのか、量りかねることも多い。

　自然方式がよって立つ原理は、人間が遠い昔の時代から行なってきた慣行となんら異なるものではない。子どもはまさにそれによって、完全な成功裡に、話すこと、歩くことを着実に学んできたのである。これをあえて規則で、課業で、授業でやってのけようとする者はいないが、いたとしたら、さだめし異形な情景が現出することだろう。

まことに、人は鍛冶屋の仕事をしながら鍛冶屋になるのである。話すことは、話すことをとおして学ぶのであり、書くことは、書くことをとおして学ぶのだ。それを措いて他に王道があるわけではない。この原理に沿わなければ失敗を冒すだけであり、失敗は測りがたく高価なものになるだろう。

　子どもが言葉を覚えていく素早さには、目を見張るものがある。のべつ幕なしに話しつづけているからだ。母親も負けずにそれに耳を傾け、子どもが話すように仕向ける。

　子どもは同じように、書くことだって、立派にものにしていく。システマティクな練習だの、特別の規則だのがまったくなくても、だ。ただし、同じような条件を用意する必要がある。一日のなかのたったの数分ではなく、いうなれば、のべつ幕なしに、だ。

　自由テクストだけではその点からいって不十分であることは、以上のことからご理解いただけると思う。子どもは一週に一度か二度、作文を書いて、それを新聞にする。それは赤ちゃんが一日に一時間しか話をさせてもらえない、話したところで母さんに聞いてもらえない状態と似ていないこともない。こういう状態になったら、もちろん、代わりの手を打たざるをえないだろう。作為的なこうした穴埋め対策が、効を奏するかどうかは保証のかぎりではない。

　われわれの教室では、こうした糊塗策の出番を大幅に減らすことができたが、それは以下のような要因にもとづくものだろう。

　　＊子どもは頻繁に自由テクストを書き、それらはおのずとクラスの仲間たちによって読まれることになる。印刷する文章が、そのなかから選ばれるからだ。
　　＊学校間通信の相手から手紙をもらって、書かれた文章を読む。
　　＊自分たちも相手宛に書く。

＊1週間、なにかにつけて書く機会が多い。勉強のプランをつくる。みんなのまえでお話をする。研究の披露（コンファランス）も行なう。そのための下書きをつくる。
＊自分の考えを率直に表現することを、彼らの生活のど真ん中に位置づける。

　もしもこうした創造的な表現活動が、学校外の生活のなかでも発露されるならば、自然方式の学習は100パーセント、その機能を全うするだろう。
　もしも自由テクストとお話とコンファランスだけならば、そのときに発揮される機能は50パーセントにとどまる。
　学校内、学校外に共振する活動がなく、自由テクストだけであるときの効果は20パーセント。
　自由テクストを書くだけで、印刷、学校新聞、学校間通信が行なわれないときの機能は、わずかに5パーセント。
　要するに、形式訓練の増分と創造的な活動のそれとは逆比例関係にある、ということだ。

9 幼稚園から始まって

　子どもは手探り実験をとおして自然に言語をマスターしていくのであるが、その進展のプロセスを、ここでは段階ごとにざっと概観しておくことにしよう。

第1段階＊幼稚園・幼年期

　子どもたちが幼稚園で話すことを、先生が書き取ったもの、それがすなわち最初のテクストだ。当然、極度に単純な文である。主語がひとつ、述語がひとつ、ときには補語がつくこともある。単語はばらばらで、そのまま文字に書けばアポストロフ、疑問符、感嘆符などがつき、本来的には、かなりの場所をとるはずのものであったりもする。われわれが「はず」という助動詞を使うのは、もともとはポツンポツンと口から出てきた言葉を先生がくっつけて、いかにも文章らしい体裁に変えて書き取っているからだ。

　先生が書いた文は、たとえば、こんな調子。

　　　　ルシアンがブランコをつくった。
　　　　綱のところが壊れた。
　　　　マルセールはひっくり返った。

　忠実で、間違っているわけではないが、冷たく無味乾燥で、まるでお巡

りさんの調書みたいだ。われわれとしては、元のかたちをとどめた、もっと子どもらしい表現をよしとしたい。

　　　わーい！　ルシアンの素敵なブランコだぞ!
　　　だのにね、プッツンだって!
　　　綱が落ちちゃったよ。
　　　マルセールは、ひっくり返っちゃった。

　心に銘じておきたいのは、フランス語は人為的(arbitraire)に構築された言語でも、理詰めの言語でもない、ということだ。それは本質的に生きて生動する言語なのであり、だから話し言葉と同様に書き言葉も、1900年と1963年では同じではありえないのである。

第2段階＊初期の複雑化

　しかし、まもなく、文は複雑化していく。形容詞、代名詞、動詞の活用、否定形などが、そうとはっきり意識されてではないのだけれど、子どもの表現に早くから頻出するようになる。

　　　わたし、黒い猫がいるの。
　　　このあいだ、ちっちゃな子猫を生んだよ。
　　　黒いのと、それから灰色のやつ。
　　　まだ、目は開いていません。

　このころになると、わがクラスでは、子どもは自分で手紙や文を書こうとするようになる。作文、創作の本格的な作業が始まるわけだが、そのあらましは第1部の「言語学習における自然方式」で紹介した。

ここでも強調しておきたいのは、たとえ不器用なものであれ、そうしたテクストを書くことが、かならず踏まねばならない練習の第一歩である、ということだ。はじめに自転車に乗ろうとするときと、それは同じだ。最初はこけるだろうが、それと同じで、たとえ文中に間違いや欠点があっても、それをあまり心配しないほうがよい。肝心なことは子どもが書こうとしている、ということだ。この気持ちがそこなわれずにつづけば、子どもはすべての困難を乗り越えてまえに進むだろう。

　ここで体系的な文法や統辞法の規則をもち出すのは時期尚早である。実地の練習、それで十分なのだ。

第3段階＊文の構成

　これはCP［訳注10］に相当する段階だ。フレーズ（センテンス）の構造や構成、語の品詞や機能といったような文法事項は、ここでは扱わない。まずなによりも、子どもが自転車に乗れるようになることが必要だ。

　ここで必要なことはただひとつだ。子どもは窮屈な言葉の規則ではなく心の昂ぶりに導かれて、まだ蕾のように脹らんでいる途中の思想を、文として書き表わそうとしている。言おうとするその思いをできるだけ十全に伝えるものへとその文を整えること、仲間の生徒たちの目を借りて、彼らの積極的な協力の下で、蕾を花にすることだ。

　ミミーヌは、こんなことを書いた。

> 夜、わたしはフクロウの赤ちゃんが鳴くのを聞いた。
> わたしは寝床のなかにいた。鳴き声が聞こえてきた。
> ひと晩中、鳴いていたんだよ、フクロウの赤ちゃん。

［訳注10］初等教育準備課程。日本でいえば小学校1年、通常6歳児

単純な文である。裸の事実、観察したこと、考えたことを、淡々と綴っている。教室の仲間たちは、それを膨らましていった。いろいろな提案が出て、当然、文は複雑なものになる。形容詞が加わり、文型も変わる。
　こうして、テクストはつぎのようなものになった。

　　　　夜、小さな巣のなかで、フクロウの赤ちゃんが
　　　　ティウー、ティウーと鳴いている。
　　　　わあ、かわいい声のフクロウちゃん、
　　　　君の声を聞いていると楽しくなるよ。
　　　　わたしは、寝床のなか、耳を済ませている。
　　　　うたっていてね、夜の間中、フクロウの赤ちゃん。

　この推敲でも文法的な説明はまったく行なわれていない。われわれが文を推敲するのは、要するに自分の考えを心ゆくまで語りつくすためであって、それが書くことの真にしてただひとつの目的なのだ。
　正確な言葉や言い回しを、子どもは本能的に看取するものである。自分の考えを深く、端的に表現する言葉を、自分自身でそれと見てとるのだ。そうした完成への道を、子どもはまずは手探り実験を足がかりにしてたどろうとしているのである。
　上記の3つの段階を一貫している、いわば持続的な特徴は、もっぱら生徒たちによる自由な表現と彼らの集団作業をとおしてのテクストの推敲であって、これが結果的には文法への導入にもなっている、ということだ。
　この段階、CP と CE[訳注11]の末期になると、たとえば、以下のようなテクストが生まれてくる。子どもの話し言葉表現の面影をしっかりととどめていて、読む者の眼や耳に書き手の口調や身振りが生き生きと伝わって

[訳注11]初等教育第2課程。小学校2〜3年に相当、7〜9歳児

くるような文だ。

　　　山で
　　　ジョセフは一人で山に行った。
　　　ロッシュバロンの山路づたいに、一人きりで歩いていた。
　　　伯父さんが材木を運びだしているので、見に行ったんだよ。
　　　わ！　大変！　鷲がジョセフに襲いかかった！
　　　空から舞いおりた、でっかい鷲だ。
　　　頭の真上！　よかったよ！　伯父さんが叫んでくれたんだ。
　　　鷲は逃げていった。大きな羽を広げてね。

第4段階＊文法と統辞法

　これまでの段階では、われわれは書かれたテクストを推敲するだけでよしとしてきた。文に若干の補足を加え、より整ったものにしてきたわけである。文法的な説明は一切、加えなかった。われわれはただ範例となる文をつくるだけだった。生徒たちはこの範例を参考にして自分の文章表現のテクニックにたえず改良を加えていった。

　自転車がうまくなるときと同じで、やっている練習はもうずいぶんと複雑なものになっているのだけれど、解説めいたことはまったく言わない。

　さて、つぎの段階に来たときに、その練習にいくつかの初歩的な説明をほどこすことになる。説明することで練習を支え、発展させていくのである。自転車でいえば、部品の名を教え、こんな姿勢をとったらよい、とか、こんな場合はこうやると言い、といった示唆を与えるわけである。

　　　＊ペダルを足で踏むときは、つま先で踏む方がいいよ。足の動きが

軟らかくなるからね。ブレーキをかけるときは、まず後ろの車輪からだ、それから……といった調子。

　文章も同じである。かくして文章の推敲作業は、それを理由づけ、それをより意識的なものにするテクニカルな説明を伴うものになる。
　ある子どもがこんな文章を書いた。

　　バル（舞踏会）
　　ママが若いときのことをぼくに話してくれた。蔵で踊った話だ。
　　日曜ごとに踊っていたらしい。
　　楽器を弾く人は樽のうえに乗って弾き、他の人たちは踊る。
　　ものすごく騒がしかったそうだ。
　　というのは、みんなごつい木靴をはいていたし、
　　おまけに楽士たちも靴を踏み鳴らすのだから。
　　それから、ほんのちょっとだけお休み。
　　みんなはぶどう酒を飲んで、それからまた始める。

　さぁ、これが推敲するたたき台の文章だ。統辞法の観点、文法の観点、その両方の観点から磨きをかける。
　文章は、どんな場合でも書き手の言いたいことを正確に表現するものでなければならない。はじめて読んだ人でも、文が表わそうとしていることを完全に、そっくり理解できるようでなければならない。学校間通信を書くときに、われわれが頻繁に投げかけていたのは「相手に、ちゃんとわかってもらえるかしら？」という問いであった
　上掲の文には「蔵で踊った」と書かれている。なにか言葉を補えないだろうか？　なにか様子を表わす言葉をそえて、その蔵がどういう蔵なのか、わかるようにできないだろうか？　蔵を形容する言葉を探してみよう

よ。うす暗い蔵、飾り立てた蔵、狭い蔵、ゆさゆさと揺れる蔵――。このように叙述をくわしくしていくと、子どもはとりたてて定義など言わなくても形容詞がどんな機能を果たすのかを自然に理解していくものだ。

　学校間通信の相手が間違いなしに知りたがるであろうことのひとつは、楽士たちが使っている楽器である。言い回しを工夫するとか、形容詞をつけるとかして、もうすこしくわしく表現する必要がある。たとえば、年配者の楽士、といったように。

　それから大きな木靴を踏み鳴らす楽士の様子も、生き生きと、できたらユーモアをこめて、くわしく伝えたいものだ。「もっと騒ぎを大きくするために、楽士はダンスのあいだに重い木靴で合いの手を入れる」。

　「みんなはぶどう酒を飲んで」とあるが、どんなぶどう酒なのかな？　どこで飲むのかな？　テーブルで、それとも樽のそばで？

　こうしようよ。「みんなは、地酒のぶどう酒を飲んで」。

　文には文法的な訂正もほどこされる。étant jeune では不正確だ。on dansait はくり返しになるよね。et が何度も出てくるのも気になるな。

　こうしてテクストは以下のようなものになった。

　　　ぼくのママが若かったころ、
　　　みんなは日曜日ごとに我が家の広い酒蔵で踊ったのだそうだ。
　　　年寄りの楽士が酒樽のうえに登って弾いて、
　　　その間、若者たちと娘たちは踊る。
　　　踊っているあいだはすごい物音だ。
　　　だって踊り手はみんなごつい木靴を履いていて、その上、
　　　楽士も木靴でどしんどしんと踊りに「合いの手」を
　　　入れるものだから、騒ぎはいっそう大きくなるのだ。
　　　ときどき、踊りをやめて、土地のぶどう酒を飲む。
　　　それから、また始めるのだ。

文章は簡にして要を得たものになった。ある要素は取りこまれ、ある要素は暗示にとどめられている。こうした文の構成作業、書かれた文と思考内容を照らし合わせ、書こうとした考えが十全に表現されているかどうかを吟味し調整していく作業は、われわれのテクニックが言語の問題にもたらしたもっとも本質的で、もっとも突出した貢献であった。かかる意味での自由テクストと、教師の指導下で行なわれる集団的な推敲作業をとおして、現にわが生徒たちは書き言葉を道具として使いこなす能力を獲得している。この基本的なテクニックをふまえることで、われわれはどんな体系的練習にも勝る多大な成果を教室で収めてきたし、創造的な言語表現にたいする子どもたちの関心はその後も長く持続している。

　このようにして、われわれは文法と言語の下地を築いているのだ。いったん道が開かれたら、その道は見覚えのある道になる。それを使いこなすための素地を子どもはいま培いつつあるのだ。

第5段階

自由テクストを活用した文法教育

　上述の構文作業のなかで、子どもは、ある語や表現、ある特定の語法に目を向けるようになる。われわれはこの関心を活用して初級・中級課程の学習内容と繋げ、知識を深めるとともにその使用にも慣れさせるようにしている。

文法知識の形式的な学習

　実験的模索が正常に機能していれば、これがまったく不要であることは先に述べた。しかし、機能していないケースもしばしばあるので、そうした場合に備えて、一連の文法練習を考えておく必要があるだろう。学習プ

ログラムや認定試験が求める諸要件を満たすためにも、それは必要だ。やり方を工夫すれば、通例に反して、練習はそれほど危険で子どもを圧迫するものにはならない。あくまでも言語の獲得を第一義に置くこと、そのための副次的な手段として、こうした練習は行なわれる。

　具体的に、どんなことをしているかといえば、

1＊なにしろ黒板上の文章に毎日のように手を入れているのであるから、品詞の区別などはたちどころにわかる。あらかじめ言語が口頭で習得されていれば、ことは予想以上に簡単に進むのである。

　　＊普通名詞、固有名詞を見わけるのは、たやすい。
　　＊形容詞、動詞も同様だ。その言語を使っている者からすれば、品詞の定義なんて、アホらしい蛇足でしかない。
　　＊代名詞。これは、ちょっと厄介。ときどきたち返っておさらいすることになるだろう。
　　＊冠詞、副詞の使い方も、すぐにわかるようになる。
　　　それぞれの文を推敲するさいにこの種の練習もちょっとだけしておくと、別に文法規則を丸暗記しなくても、CM(小学校中級コース、4〜5年)やFE(修了クラス)の試験問題くらいは楽勝である。

2＊この品詞分類を行なっていくと、いくつか、誤りやすい点が浮上してくる。そうした点にかんしては、重点的な練習も行なっている。

　　＊複数形および女性形。
　　＊形容詞や指示代名詞の用法、あるいは所有代名詞(「彼の」「われわれの」など)の使い方。
　　＊とくに重要なのは、日用文のなかでたえず使われている動詞だ。

間違いなく使えるように動詞活用の練習を行なっている。

3＊われわれはクラシックな文法練習も、多少は行なっている。その効果について過大な期待は抱かないし、あくまでも自分たちの精神と離齬しない範囲で行なっている。われわれはまた、自己練習用のカードもつくっている。子どもは自分の誤りを自分でただし、自分のペースで進んでいく。先生の権威に、少なくとも全面的には頼らなくていい、ということだ。

　とはいえこのカードとても、機械的に使われてしまう傾向がないわけではない。AからはじめてZを目指すというやり方でこれを使えば、子どもが理解し感性(ボンサンス)をはたらかせる余地は極度に狭められてしまうから、それは有害なものにならざるをえない。われわれとしては、もっと賢いやり方でこのカードを使ってほしいと思う。子どもに欠陥が見つかったら、それに対処する練習を個々に指示すればよいのである。

4＊論理的分析。見慣れない名が満載された判じ物めいた分析を見せられても、子どもはただポカンとするだけだろう。そんなことよりまえに、自分たち自身の文章をまな板にのせればよいのだ。複文のなかに、文意を理解するうえで必須な主文が含まれていることを説明すればよいのだ。それを取ったら文は意味をなさないものになる。同じように省けない主文がふたつあるとすれば、それはふたつの主要な命題を繋げた文章である、ということになる。省いてもよい節(命題)が含まれているとすれば、その節は従属節である。

　他のすべては、末節であり形式的な冗語にすぎない。

5＊文章を書き取ることは、文法や正書法の習得にどの程度まで役立つのだろうか?

　われわれはあまり信を置いていないので、黒板の推敲文を書き写すとき

以外はこれを行なっていない。後者にしても、一律に、というわけではない。こうした多分に受動的な書き取りよりも、構成的な作業をはるかに重要なものと考えている。自由テクスト、アルバムづくり、手紙、発表、コンフェランスなどをとおしての書く作業である。書き取りに代わってわれわれが常時行なっているのは、文を構成して印刷に持ちこむという作業だ。子どもたちとの共同作業なのだが、その子どもたちは、理由はいろいろだが、じつにたくさんの間違いをやらかしてくれるのである。

　当てずっぽうに活字を組むわけにはいかない。単語は1字1字からなっているし、1行の文章は完璧に1行の文章でなければならない。子どもはテクニカルな絶対要請を意識しつつ、ことに当たる。それは無目的な練習の課題ではなく、強烈なモティーフに支えられた仕事そのものの要件なのである。

　これらのすべては、学習のプロセスがたんに心的なものであるだけでなく、同時に手の労働でもあることを、われわれに思い起こさせずにはいない。

6＊では、ディクテ（書き取り練習）は？

　ディクテの評判はすこぶる芳しくない。もっとも、と思えないわけではない。ディクテだけで綴りが習得できるかのように思いこまれているかぎり、悪評判が立つのは理の当然だ。学校方式でディクテの練習が行なわれているかぎり、それは子どもにとって有害である。間違いをおかすと情け容許なく閻魔帳に記されて、劣等生の烙印を押される。しかし、この種の生徒イビリとしての学校的濫用を自重しさえすれば、このディクテを使ってよい効果をあげる可能性もないわけではないのだ。

　わが学校の子どもたちはディクテが好きだ。自分がどのくらい正確に書けているか、仲間たちはどうかを、一定期間ごとに力試しする機会になっているからだ。しかしながら、いわゆるディクテの場合は読みあげる文の

第3部
文法の自然方式

なかに文法の難所や厄介な綴りがいくつも仕掛けられているのが通常だ。調教する馬のまえに、つぎつぎに障害物を並べるようなものである。息つく間も与えない。馬はとうとう障害物のうえで座礁してしまう。綴りの学習になぞらえていえば、もう引っこみのつかないミスをおかすという結果になる。

　わが学校の子どもは、この手の障害物に直面させられることはあまりない。そんなことになったら、さっさと勝負をやめてしまうだろう。われわれが読みあげるテクストは、まだ湯気の立っている言語テクストだ。クラスのだれかが書いた自由テクスト、学校間通信で送られてきた相手の文章、教室の仲間に手助けしてもらって仕上げたテクスト、などなどだ。困難にぶつかって、失敗感をもってしまうこともあるが、そんなときは助けてあげればいいだけの話である。そんなふうにして、子どもはついにはまるまる1ページ分のテクストを書き取ってしまう。やったぜ、ベイビー。

　先生の勝利ではない。うまくいったとすれば、その勝利は、教室のみんなのものなのだ。

　文法や語彙指導のテクニックをここでくわしく述べなかったのは、意図してのことだ。

　われわれは自由テクストと、生活のなかでのその実践をとおして、子どもは書くことを学んでいくのだと述べた。ボンサンスに立脚した自然なやり方で子どもに道を開いてやれば、そのことで彼らは事物の仕組みを直観的に見てとるし、学ぶうえでの勘どころもつかんでいく。フランス語でそうだし、科学や算数でも、それは変わらない。重要なのは、こうした知的諸分野が取り組んでいる複雑な諸問題を深く理解するとともに、直観的にもそれに迫っていく感性——科学的であるとともに感覚的でもある感性のありようを育て、維持し、発展させることだ。そうした感性をそなえたときに、われわれの事物についての学びは簡明なものとなる。規則や段取りに拘泥せずに、あなたはどんな角度からであれ自在に問題に切りこんでい

くだろう。早い話、もしどうしようもないとなったら、クラシックな文法だって使う。とりあえず必要なことを頭にぶち込んでしまうという手も、ありなのだ。国家が強いる学習プログラムに従わねばならない、試験の手当てをしなければならないとなったら、いささかの一夜漬けも、いたし方がないだろう。子どもには一夜漬けをせざるをえないゆえんを説明して、あまり恐れずに突き進むことだ。事情を理解した子どもたちは柔軟にそれに対処してくれるから、彼らのバランスを狂わせるほどの危害にはならないだろう。

はっきりいえることは、われわれの教育方針の下で育った子どもたちは、初等教育の修了認定作文でつねに首位を占めているということだ。書き言葉はもうすっかり彼らの手のなかにあるからだ。ディクテにおいても、伝統的な競争相手よりもミスが少ない。口頭試問では論理的でセンスのよい応答をして、いつも大きな称賛を博している。

ボキャブラリイと「言葉の狩猟」

言語文化の担い手である教育者にとって、ボキャブラリイもまた、大きな関心事のひとつである。

20世紀の初頭、貧しい境遇の子どもたちは、語彙もまた乏しいと考えられていた。なんらかの方法で言葉を教え、彼らの語彙を増やし、たまたま本に触れる機会があれば読めるようにしておくこと、それが教師の務めであると考えられていたのだ。その当時は、文化に触れるほどの語彙を具えているのは、ブルジョアの子ども、それから教師の子どもと相場が決まっていたのである。

いまでは様子がすっかり変わっている。新聞、雑誌、ラジオ、テレビなどで情報に接する機会が格段に増えて、子どもは――貧富を問わず――かなり早期から相当量の語彙をもつようになった。彼らはなんでも知ってい

る物識り屋さんだ。おそらく一知半解ではあるのだろうが、少なからぬ量の語を知ってはいるのだ。ただしそれらの語を、まだ正確に使いこなせているわけではない。

このような状態の子どもたちに、新しい語を教えこもうと意気がるのは見当はずれである。あるがままの状態から出発すれば、それでよいのだ。すでに彼らがもっている語彙を出発点にして、それを整序し、精密化し、息の通った自分自身の言葉にしていけばよいのだ。

われわれが自分たちの練習をあえてボキャブラリイとは呼ばずに「言葉の狩猟」などと名づけているのは、このような新しい現実を念頭に置いているからである。われわれは自由テクストに材を採り、子どもの言語知識のなかにすでにくり込まれてはいるが、実際の生活場面と突きあわせて調整していく必要のある諸語を、その困難点ごとに再考し、類別し、実際にどう使われるかを明らかにしていく。われわれが考えている「言葉の狩猟」は自由テクストと不可分であり、つねにそれを利用した活動として存在する。

 1＊個々の単語――あるテクストのある興味の中心を起点にして、それと関連する諸語を拾いだしていく。たとえば、テクストが「船」についてのテクストであるとすれば、つぎのような言葉が浮かんでくるだろう。

  舵、オール、帆、船倉，錨、左舷、右舷、救命ボート、綱具、横揺れ、縦揺れ、船酔い、積荷、荷おろし、クレーン、沖中士、排気筒、桟橋、ハンモック、船長、コック、火夫

 漁撈（ぎょろう）の場合も、いろいろな語が飛びだしてくるだろう。氷結を書いたテクストでも、同じだ。どんな出来事が書かれていても、

それは言葉を狩りだす猟場となる。狩りの途中で、出てきた言葉ごとに、その構造と機能を吟味すればそれでよい。語が生きた文脈の下で数珠繋ぎに手繰りだされるのが、この練習のミソである。
　だが、この種の言葉探しは、言葉をよりよく知ることを目指したもので、それ以上のものではない。

2 ＊ 語彙を文法的な側面から考える——テクストで使われている語を見ていくと、子どもの綴りのいろいろな難点が見えてくる。われわれは、子どもの文章を足場にして、教科書の山ほどの練習問題を、もっと活動的に、もっとおもしろく、もっと役に立つやり方でやり直すことができるのである。
　たとえば、CP と CE では、oi, ur, ou, un — br, bl, pr — ar, vi, our などを含んだ語。
　また CM や FE で子どもがよく躓くのは、mb, mp, いくつかの名詞の複数形、s, ss, c, ç, 複合名詞などだが、それらの見直しを行なうのである。

3 ＊ 語の成り立ち——フランス語は、エスペラント語とは異なって、論理的な言語ではない。規則のあるところには、ほとんどつねに例外がある。エスペラント語であれば、ある基語に接頭語や接尾語が付加して語形が変わっていく過程が一見して明らかなのであるが。

4 ＊ 語族、類義語と同義語——子どもたちのみんなが知っていて、彼らによって提案される語を取りあげて、経常的にこの活動を行なっている。この活動によって子どもは語群についてのより確かな知識を身につけるとともに、語の理解と綴りの両面で学びを深め

ていく。

　最後に、われわれの教育実践の基本にある大前提を、もう一度力説しておきたい、われわれはこの種の練習を必要と見なしてはいるのだが、それを「言語学習の自然方式」であるなどという気はさらさらないのである。
　それと響応する本体の活動なしにこの種の練習を肥大させるならば、われわれはまたもや学校式の例によって例のごときお勉強風景に、たちまちにして転落していくことになるだろう。その結果は、もう周知のとおりである。
　このテクニックについてあまり詳細に語らなかったのは、意図してのことである。完全な練習一覧を提示することもできないわけではないが、そんなことをすれば、踏むべき手順一式があるかのように思わせることになるだろう。プログラムを追うことに汲々として、肝心カナメの生きた活動のほうはそっちのけ、ということになりかねない。自由テクスト、その推敲、印刷と新聞づくり、書かれた作文の利用等々、これらは言語に深く馴染んでいく鍵となる活動なのだ。
　手探り実験が十分に機能しないことがあるがゆえに、われわれは若干の練習を許容はしているものの、それが独走して機械的なものが生きたものを圧殺することがあってはならないだろう。
　古い方法は、おそらく半世紀ほどまえなら妥当したのだろうが、1963年の学校にとって、それがよいとはかぎらないのだ。
　とくにどうしようもないのは教科書である——この場合でいえば読み方、文法、ボキャブラリイの教科書である。それが学習プログラムの要求をますます複雑化し、過重なものにして、われわれ教師をコトバ主義と暗記第一主義へと追いやっている。私は教科書を憎んでやまない。たっぷりと痛めつけられてきたからだ。私の反応はけっして例外的なものではないだろう。

学校から斥けられた子どもたちの大群、あの子どもたちが、いま仮に口を開いたとすれば、彼らはなにを言うだろうか。あのボキャブラリイの、あの文法の学校教科書がどれだけ彼らを無力さのどん底に追いこみ、知的・道徳的な拷問の記憶だけを残し、その生理までをも狂わせたことを証言するに相違ないのだ。

　われわれはあなたに呼びかけたい。無用無益なオウムの訓練と、それを体系化した学校教科書を破り捨てて、新しい飛躍に向かうバネを、生命を扼殺(やくさつ)するすべての障害を打ち壊す決意と確信を、ともにもとうではないか、と。

訳者あとがき

　訳題は「言語の自然な学び方」としましたが、もとのタイトルはMéthode naturelle de lectureです。言語学習に関するセレスタン・フレネの4つの文章を、著者の没後に集成・刊行したもので、編者はご息女でヴァンスのフレネ学校の後継者でもあったMadeleine Freinetです。
　マドレーヌの「まえがき」には「この作品は1968、1970、および1973年、Delachaux et Niestlé社から刊行された」と記されているのですが、それらの実物を私は見ていませんので、それぞれの刊本がどのようなかたちと内容のものなのか、歯がゆいことですがよくわかりません。Luc Bruliard et Gerald Schlemmingerの『フレネ運動史』Le Mouvement Freinet(L'Harmattan 1996)の巻末書誌には、La méthode naturelle, T.1：L'apprentissage de la langue(1968)の名が見え、これが本書の第1部に相当するのではないかと思われます。出版は1968年ですが、書かれたのは記述内容から推して、おそらく1940年代の前半と思われます。なお、68年には同じ出版社からLa méthode naturelle, T.2として、『デッサン学習の自然方式』L'apprentissage du dessinも刊行されており、お絵かきと書記表現とが、同じ幹から派生した2本の枝であることが暗示されています。
　序論から第3部までの各文章は、それぞれ異なる時期に書かれたものですが、本書の目玉は何といっても本書第1部の、「言語学習における自然方式」Méthode naturelle dans l'apprentissage de la langueに相当する部分ではないでしょうか。いたずら描きの描線表記から始まって、自己流に当たりをつけながら、一歩一歩「読み書き」の世界に接近していく娘バルの成長の過程をセレスタン・フレネは数多くの殴り書き資料と観察記録をもとにして再構成していきます。そしてこの素っ頓狂なヒロインこそ

が、後年のマドレーヌ・フレネであるわけです。

　今回の訳で底本としたのは、1994年にÉditions du Seuilから出版された2巻本セレスタン・フレネ著作集Œuvres pédagogiquesで、その第2巻に収録されたテクストを底本としてもちいました。これもマドレーヌの編集したものですが、何度かにわたる増補をとりこんだ、決定版といってよいものでしょう。

　ブルリアールとシュレミンガーの書誌には、Méthode naturelleのT.3〈第3巻〉として、同じDelachaux et Niestlé社から1971年にLa méthode naturelle：L'apprentissage de l'écritureが刊行されたと記されているのですが、マドレーヌの「まえがき」に記された発行年とは少しずれています。いずれにせよ、第1巻の刊行の後を追うようにして、本書の第2部、第3部に相当する部分が順次、おそらく小冊子のかたちで追加刊行されていったのではないかと思われます。第2-3部の主要部分が書かれたのは、言及されている社会背景から推して、おそらく1960年代でしょう。

　このように複雑な経緯で没後に出版された作品なのですが、にもかかわらず本書は、フレネ教育思想のエッセンスの詰まった主著のひとつではないかと私は思っています。

　冒頭に掲げられている「序論」は、第1部の序として書かれたものなのでしょうが、フレネのいう「実験的模索」の理論を全面展開したもので、「序」というよりも本書全体の結語として位置づけるほうがよいのではないでしょうか。ここで主要に批判の標的にされているのは、フォード主義的な大量生産の論理であり、人間の機械化と、それを推進する行動主義的な学習理論です。フランス型の知育の伝統、「伝統的」な学校の作法は、結果的にはまことに「現代」的なアメリカ型の操作主義・行動主義に横滑りしているという見立てが、フレネにはあったのでしょう。学ぶ主体のなかで何が起こっているかを問おうとしないことが、この種の機械論的学習

論の最大の特徴なのですが、フレネはまさに主体の「生命の弾み」に照準をあてて子どもの言語習得のプロセスに迫ろうとしています。『仕事の教育』や『マテュ語録』で展開された彼の労働論と、それは通底するものでしょう。

　フレネの議論にも、いろいろと気になる点がないわけではありません。第1部の「序論」を翻訳したのは3.11の直後でしたが、彼の原子力エネルギーにたいする手放しな信頼には強い違和感がありましたし、スタハノフ運動にたいする無批判な賛辞も、いまとなっては無惨な印象をぬぐえません。20世紀の多くの進歩的知識人をとらえたこの種の罠に、遅れてきた世代の者たちはけっして寛容であってはならないでしょう。とはいえそれは、人間を限りなく非人間化していくシステムの暴走にたいする、フレネの批判の有効性を減ずるものではありません。

　本書の訳出にとりかかったのは、2007年の春でした。パウロ・フレイレ『被抑圧者の教育学』と本書を並行して訳したのですが、西口敏治さんのお薦めで、本書第1部は『フレネ教育研究会会報』の83号から87号までの各号に連載させていただきました。他の部分は、2011年から12年にかけて、空き時間を見つけて少しずつ訳しすすめました。第1部の連載中は会報編集担当の田中仁一郎さん、横山尤子さんに大変なお手数をおかけしました。出版に持ち込んでくださった太郎次郎社エディタスのみなさん方、しばしば判じ物めいた趣きを呈するバルのフランス語表記にも辛抱強くお付き合いくださった編集の永易さん、北山さん、漆谷さん、どうもありがとうございました。

　　　2015年9月
　　　里見実

セレスタン・フレネについて[略歴]

　セレスタン・フレネCéletin Freinetの名は、フレネ教育運動、あるいは「教育協同組合運動」や「現代学校運動」とも呼ばれる新教育運動の創始者として知られている。現代の代表的な新教育運動で、もともとはヨーロッパ発祥の運動であったが、いまではラテンアメリカ、アフリカ、東欧などにも「フレネ教師」を名乗る教員が多く、他の教育運動や社会運動ともクロスしながら活発な活動を展開している。不思議なことに英米語圏への浸透はそれほどでもなく、日本における知名度が相対的に低いのはおそらくそのためだろう。

　フレネ自身は1896年、高地プロヴァンスのガールという僻村に生まれた。イタリア国境に近いアルプスの村で、少年時代は羊飼いとして過ごした。フランスの貧しい家庭の子どもたちの唯一の進学コースは師範学校であった。フレネも近くの町グラースの高等小学校をへて、ニースの師範学校に入学する。在学中に第一次世界大戦に従軍し、ドイツ軍の弾丸と毒ガスを浴びて重傷を負う。傷病兵として帰還し、以後4年の病院生活をおくるが1920年、故郷に近いバル・シュル・ルーの村の教師となる。肺と喉を傷めたフレネには、村の悪童たちを威圧する体力はなかった。戦場での悲惨な体験をとおして培った反戦平和の志と、この肉体的なハンディキャップが、フレネを反権威主義的な教育実践に向かわせるバネとなった。

　フレネの教育方法(彼はテクニックと呼んでいる)は多岐にわたるが、一貫しているのは「子どもを語り手の座に置く」という理念だろう。子どもは語りたくてならないたくさんの経験を抱えて学校にやってくる。フレネは教科書でも、いわゆる「授業」でもなく、みずからの経験や感動を語り、伝えあう子どもたちの行動を原点において、そこから彼らの言葉の世界を開いていくことになる。それが「自由テクスト(もしくは自由作文)」であり、

子どもが書いたテクストを活版で印刷する学校印刷であり、またほかの、遠い地方の子どもたちと印刷物を交換しあう学校間通信であり、村の自然と暮らしを調査する郷土研究である。それらの多様な活動を担う子どもたちの自治組織、学校協同組合と呼ばれる仕事集団も、フレネ教育の重要なレパトリイである。

　フレネ自身が本書の第2部で述べているように、第一次世界大戦後のヨーロッパでは、新教育運動が——いいかえれば教師中心の教育を子どもの活動を中心にした教育に組み換えようとする動きが、活発であった。フェリエール、モンテッソーリ、ドクロリイなど、さまざまな流派の理論と実践が脚光を浴びていた。それらに鼓舞されながらも、しかしフレネの立ち位置は微妙に異なっていた。フレネは、辺境の村の子どもたちの現実に密着して、フレネ自身の言葉を使っていえば農村「プロレタリアート」の子どもたちの生活に立脚して、そこからみずからの実践を構想した。その点では、日本の生活綴り方運動と通ずるものがあるのかもしれない。教科書はいらない、自由作文、学校印刷機、そして学校間通信、という彼の一連の主張はフランスの、さらには近隣諸国の教師のあいだにも多くの共鳴者を生んで、1928年には世俗教育協同組合coopérative d'enseignement laïc（略称C. E. L）が結成されている。

　反動も大きかった。1928年、セレスタン・フレネはヴァンスのサン・ポール小学校に転任するが、村長や王党派の村民は彼の教育実践を敵視し、さらに33年にはドレフュス事件を契機にして生まれた右翼団体、アクション・フランセーズが全国的な規模でフレネにたいする激しい誹謗キャンペーンを展開した。バルビュス、ロマン・ローランなど、フレネを擁護する者たちも活発な論陣を張って、小さな村の出来事は国論を二分する「事件」に発展したが、転任を迫られたフレネはそれを拒否して公立学校を辞職、35年に同じヴァンスにみずからの学校を開校した。この学校が、その後の彼の活動の拠点となった。

第二次大戦期の混乱のなかでヴァンスのフレネ学校は閉鎖され、フレネ自身も収容所生活を強いられることになるのだが、『仕事の教育』、『可感的心理学の試み』、そして本書の第1部など、彼の主要な著作の多くはこ

の収容所と保釈後の療養生活、そしてマキ団におけるレジスタンス闘争の期間に書かれている。本書に記されたバルの輝かしい少女時代は、親たちの「鉛の時代」と重なりあっていたのだ。この時代の親たちの歩みを跡づけるべく、老年期のマドレーヌは『エリーズとセレスタン――私たちの人生』(Stock, 1997)という大著を書いた。(1940年までを記した第1巻は刊行されたが、2巻以降は、2007年に著者が急逝したために未刊)

　戦後もフレネの歩みは多難であった。フレネの教育方法は国と分野をこえて広く深い影響を及ぼすことになるが、学校教育のなかでそれがメイン・ストリームとなることはけっしてなかった。かつての右翼に代わって、今度はフランス共産党に代表される左翼が、フレネ攻撃の急先鋒となった。フランス国内では、C. E. Lの発行するB. Tや定期刊行物、そして各種の学習材をとおして、多くの教師たちがその影響を受けたものの、反面、C. E. Lとフレネ学校は慢性的な経営危機に悩まされることになった。ファッシズム支配が終焉したこともあって、フレネ運動の国際的な広がりは顕著だった。それはかつての枢軸国、イタリア、ドイツなどに深く根づいて独自な歴史を刻むことになる。スペイン、メキシコ、ブラジルなどでの、その経験の深化も瞠目すべきものがある。

　1966年、セレスタン・フレネ死去、生地のガールに葬られた。彼が提起した諸問題については、さらに掘り下げた考察が必要だが、それを始めたら収拾がつかないだろう。拙著『学校を非学校化する』のなかで、多少は触れているので、できればそれをご参照いただきたい。[里見]

訳者紹介
里見実
さとみ・みのる

1936年生まれ。元大学教員。
フレネ関連の著・訳書に『学校を非学校化する』[太郎次郎社エディタス]、
『もうひとつの学校へ向けて』[村田栄一との共著、筑摩書房]、
セレスタン・フレネ『マテュ語録』[私家版、現代学校運動JAPAN]などがある。

言語の自然な学び方
学校教育の轍の外で

2015年10月20日 初版印刷
2015年11月15日 初版発行

著者＊
セレスタン・フレネ

訳者＊
里見実

装幀＊日下充典
本文デザイン＊KUSAKAHOUSE

発行所＊
株式会社太郎次郎社エディタス
〒113-0033 東京都文京区本郷3-4-3-8F
電話 03-3815-0605 FAX 03-3815-0698
http://www.tarojiro.co.jp/
電子メール tarojiro@tarojiro.co.jp

印刷・製本＊シナノ書籍印刷

定価はカバーに表示してあります
ISBN978-4-8118-0787-4　C0037

本のご案内

里見実 *著
学校を非学校化する
新しい学びの構図
1——教師が教え、生徒は教えられる。
2——教師がすべてを知り、生徒は何も知らない。
3——教師が考え、生徒は考えられる存在である。
4——教師が語り、生徒は耳を傾ける。
この関係を変えること、それはひとつの社会の文化を変革することである。
四六判上製・2000円+税

里見実 *著
パウロ・フレイレ
「被抑圧者の教育学」を読む
人間の非人間化に抗い、自由への翻身の契機を探りつづけた
ブラジルの教育思想家パウロ・フレイレ。
「現代の古典」ともいわれ、世界中で読み継がれているその主著を
10のテーマで読み解く。ポルトガル語版オリジナル・テキストからの訳とともに。
四六判上製・2800円+税

パウロ・フレイレ *著　里見実 *訳
希望の教育学
いまある状態が、すべてではない。ものごとを変える、変えることができる、
という意志と希望を失ったそのときに、教育は、被教育者にたいする非人間化の、
抑圧と馴化の行為の手段になっていく。教育思想家フレイレ晩年の主著。
四六判上製・3200円+税

ピーター・メイヨー *著　里見実 *訳
グラムシとフレイレ
対抗ヘゲモニー文化の形成と成人教育
世界各地の社会運動のなかで、もっとも熱く語り交わされている
二人の思想家の行為と言説を横断的に分析し、かつ批判的に相対化しつつ、
グローバル資本主義の下で社会の変革を追求する
成人教育の今日的な課題と可能性に光をあてる。
四六判上製・4500円+税